玩转网店“视觉营销”设计

沙　旭　陈　成　主　编
徐　虹　黄贤珍　副主编

北京希望电子出版社
Beijing Hope Electronic Press
www.bhp.com.cn

内 容 简 介

本书主要介绍了网店装修的概念和装修前的准备工作、六大核心区域的装修设计要点、不同类型网店首页的装修设计等众多内容。全书共13章，包括网店美化与装修必备知识、网店美化与装修前准备、专业的网店装修利器——Photoshop、打造过目不忘的店招与导航、加深顾客第一印象——首页海报设计、赢得回头客——店铺收藏与客服区制作、展现宝贝的专业与品质——详情页制作、店铺优化——直通车、钻展图片设计、初始代码、Div和行内css样式、position定位、Widget规范、组件。

本书内容丰富，不仅有网店装修的技巧，还有与网店装修相关的配色、布局等知识，讲解浅显易懂，可作为职业院校多媒体设计、电子商务相关专业的网店装修与设计课程教材，也适合各类网店的店家学习和使用。

图书在版编目（CIP）数据

玩转网店“视觉营销”设计 / 沙旭,徐虹,黄贤珍编著 .-- 北京:北京希望电子出版社, 2018.3

互联网+职业技能系列微课版创新教材

ISBN 978-7-83002-584-7

Ⅰ. ①玩… Ⅱ. ①沙… ②徐… ③黄… Ⅲ. ①电子商务－网站－设计－教材 Ⅳ. ①F713.361.2 ②TP393.092

中国版本图书馆 CIP 数据核字(2017)第 331327 号

出版：北京希望电子出版社

地址：北京市海淀区中关村大街 22 号

中科大厦 A 座 10 层

邮编：100190

网址：www.bhp.com.cn

电话：010-82626227

传真：010-62543892

经销：各地新华书店

封面：深度文化

编辑：周卓琳

校对：李小楠

开本：787mm×1092mm 1/16

印张：13.5

字数：320 千字

印刷：北京建宏印刷有限公司

版次：2020 年 3 月 1 版 3 次印刷

定价：38.00 元

编　委　会

总顾问：张　明

主　编：沙　旭　陈　成

副主编：徐　虹　黄贤珍

主　审：王　东

编　委：（排名不分先后）

束凯钧　吴元红　俞南生　孙才尧　陈德银　李宏海

王　胜　蒋红建　吴凤霞　王家贤　刘　雄　徐　磊

胡传军　郭　尚　陈伟红

参　编：孙立民　赵文家　郭国林　黄贤珍　曾桂英　秦海强

前　言

本书是新华电脑教育研究院组织编写的都市IT新职场系列丛书之一。教材主要用于电子商务、天猫创业与运营类专业学生的课程学习，也可用于相关专业领域的职业院校课程教学和职业技能培训。

电子商务的大力推进使得网络开店成为众多年轻人的创业、就业新模式。每年“双十一”电商大战，决定胜负的除了商品和价格外，店铺的门面也很重要。在现实生活中，很多消费者被店面风格吸引而购物，为了招来顾客，网店也同样需要进行装修才能吸引顾客。这就催热了围绕电商次生的行业——网店视觉营销设计。 本书可作为职业院校多媒体设计、电子商务相关专业网店装修与设计课程教材或教学参考书，也适合已经开办个人网店，欲提高扩大营销的网店店主阅读，还适合希望拓展网络市场的企业及有意进行网络营销的个人阅读，同时本书也可作为多媒体设计、电子商务等相关专业培训的教材。

全书主要介绍了网店装修的概念和装修前的准备工作、六大核心区域的装修设计要点、不同类型商品店铺网店首页的装修设计等众多内容。全书共13章，首先从网店装修的概念、照片拍摄、视觉营销三要素、装修基础软件和Photoshop软件基础出发，讲解了网店装修前的准备工作。其次从网店的店招、导航、欢迎模块、收藏区、客服区和详情页面这六个核心的装修区域出发，介绍了网店装修中各个区域装修的要点和技巧。本书内容丰富，不仅有网店装修的技巧，还有与网店装修相关的配色、布局等知识，讲解浅显易懂，案例操作及实用性强，简洁的图文排版方式使读者的学习变得更为轻松。为了方便教学，本书配有操作视频资源，用户使用二维码可以获取相应视频资源。

编　者

目　录

第1章　网店美化与装修必备知识......001
本章导读......001
效果欣赏......001
学习目标......001
技能要点......002
实训任务......002
1.1　什么是网店装修......002
1.2　网店装修的意义......003
　1.2.1　获取网店信息......003
　1.2.2　直观掌握更多的商品信息......004
1.3　网店装修与转化率的关系......005
1.4　常见电商平台及其配色......005
　1.4.1　如何确定装修的风格......007
　1.4.2　网店整体色调的选择......008
1.5　网店装修中的误区......008
本章总结......010
练习与实践......010
实训任务......011

第2章　网店美化与装修前准备......012
本章导读......012
效果欣赏......012
学习目标......012
技能要点......012
实训任务......013
2.1　拍摄宝贝图片......013
　2.1.1　摄影器材选择......013
　2.1.2　布置室外拍摄场地......018
　2.1.3　布置室内拍摄场地......018
　2.1.4　拍摄商品要多角度、重细节......019
2.2　后期修片原则......020
　2.2.1　还原宝贝色彩......020
　2.2.2　简化背景，突出重点......020
　2.2.3　谨慎锐化......021
　2.2.4　保证图片的原长宽比......021
2.3　收集装修所需的设计素材......021
2.4　了解文件格式......022
本章总结......023
练习与实践......023
实训任务......024

第3章　专业的网店装修利器—Photoshop......025
本章导读......025
效果欣赏......025
学习目标......025
技能要点......025
实训任务......025
3.1　照片的基础调整......026
　3.1.1　“图像大小”改变照片分辨率......026
　3.1.2　“裁剪工具”精确裁剪照片......026

3.1.3 更改照片的文件格式......027
3.2 修复照片的瑕疵......027
3.2.1 去除照片中多余的图像......027
3.2.2 消除人物的眼袋......028
3.2.3 抹去烦人的黑眼圈与斑点......029
3.2.4 模糊局部图像......030
3.3 抠取商品的六大法宝......031
3.3.1 快速抠取单色背景的图像......031
3.3.2 规则对象的抠取......031
3.3.3 抠取轮廓清晰的图像......032
3.3.5 抠取精细图像......032
3.3.6 抠取半透明图像......033
3.4 宝贝调色的六大秘诀......034
3.4.1 有针对性的色彩处理——色相/饱和度......034
3.4.2 调整色彩的高、中、低调——色彩平衡......035
3.4.3 模拟特殊图像色彩——照片滤镜......036
3.4.4 局部色调的变换——可选颜色......037
3.5 照片影调的五大秘密武器......038
3.5.1 对光线的明暗修正——曝光度......038
3.5.2 图像明暗的层次——亮度/对比度......038
3.5.3 局部明暗处理——色阶......039
3.5.4 自由处理各区域的明暗——曲线......040
本章总结......041
练习与实践......042
实训任务......043

第4章 打造过目不忘的店招与导航......044

本章导读......044
效果欣赏......044
学习目标......044
技能要点......044
实训任务......044
4.1 店招的设计分析......045
4.1.1 店招设计尺寸和格式......045
4.1.2 店招的作用......046
4.1.3 店招包含的信息......046
4.2 店招的设计逻辑......047
4.3 导航条的设计分析......048
4.3.1 导航条的作用......048
4.3.2 导航条的设计尺寸......049
4.3.3 导航条的设计逻辑......049
4.3.4 电器导航条的设计详解......049
4.3.5 精致风格导航条设计详解......050
4.4 店招与导航条的综合设计......051
4.4.1 潮流女装网店店招导航设计详解......051
4.4.2 萌系女包网店店招导航设计详解......053
本章总结......055
练习与实践......055
实训任务......056

第5章 加深顾客第一印象——首页海报设计......057

本章导读......057
效果欣赏......057
学习目标......057
技能要点......057
实训任务......057

5.1 店铺海报的作用及设计规范......058
5.1.1 店铺海报常见尺寸......058
5.1.2 海报的作用......059
5.2 海报的构成要素......060
5.2.1 海报文案......060
5.2.2 海报图片......060
5.2.3 海报色彩......061
5.2.4 海报版式......061
5.3 海报配色指南......061
5.3.1 常规配色比例......062
5.3.2 配色原理......062
5.4 海报版式设计......064
5.4.1 海报常见版式......064
5.5 海报字体设计......066
5.5.1 海报字体的重要性......066
5.5.2 海报字体使用技巧......067
5.6 海报字体编排......070
5.6.1 文字编排——对齐......070
5.6.2 文字编排——对比......071
5.6.3 文字编排——分组......071
5.6.4 文字编排——强调......072
5.6.5 文字编排——线框的约束与强调......073
5.7 海报文案设计......074
5.7.1 求实惠的购买动机......074
5.7.2 新奇个性购买动机......075
5.7.3 便利性购买动机......076
5.7.4 求美购买动机......076
5.7.5 尊贵购买动机......077
5.7.6 从众购买动机......078
5.7.7 廉价购买动机......078
5.7.8 好奇购买动机......079
5.7.9 习惯型的购买动机......079
本章总结......080
练习与实践......080
实训任务......081

第6章 赢得回头客——店铺收藏与客服区制作......082

本章导读......082
效果欣赏......082
学习目标......082
技能要点......082
实训任务......082
6.1 收藏区的设计分析......083
6.1.1 收藏区的设计要点......083
6.1.2 收藏区的设计分析......084
6.2 收藏区的案例分析......084
6.2.1 以店庆为主题的收藏区设计与详解......084
6.2.2 收藏区添加大量优惠券信息案例详解......087
6.2.3 古典风格收藏区设计......090
6.3 客服区的设计分析......091
6.3.1 客服区的设计原则......091
6.3.2 客服区设计案例分析......093
6.3.3 冷酷风格客服区设计......093
6.4 客服区与收藏区结合的设计......095
本章总结......097
练习与实践......097
实训任务......098

第7章 展现宝贝的专业与品质——详情页制作......099

本章导读......099

效果欣赏......099
学习目标......099
技能要点......099
实训任务......099
7.1 详情页的设计分析......100
 7.1.1 商品详情页结构......100
 7.1.2 商品详情页各模块作用......102
 7.1.3 关联营销区（促销专区）......102
 7.1.4 产品属性......103
 7.1.5 商品实物展示......104
 7.1.6 商品细节展示......104
 7.1.7 服务质量......105
 7.1.8 客服及售后服务......106
7.2 商品描述设计与详解......107
 7.2.1 详情页设计前的准备......108
 7.2.2 宝贝描述案例分析......109
7.3 商品搜索主图制作......111
 7.3.1 商品搜索主图制作要求......111
 7.3.2 服装鞋帽类搜索主图制作要求......113
 7.3.3 商品搜索主图案例分析......119
本章总结......121
练习与实践......121
实训任务......122

第8章 店铺优化——直通车、钻展图片设计......123

本章导读......123
效果欣赏......123
学习目标......123
技能要点......124
实训任务......124
8.1 设计店铺专属直通车......124
 8.1.1 直通车规则认知......124
 8.1.2 直通车图片设计技巧......128
 8.1.3 直通车案例分析......129
 8.1.4 直通车展示位置......131
 8.1.5 影响直通车综合排名质量得分的维度......132
 8.1.6 优化的十二条直通车规......132
 8.1.7 提高直通车点击率的视觉优化策略......133
8.2 店铺优化之钻展图片设计......134
 8.2.1 什么是钻石展位......134
 8.2.2 钻石展位的特点......135
 8.2.3 钻石展位设计要求......136
 8.2.4 淘宝钻石展位图片的要求......136
 8.2.5 如何提升钻石展位点击率......138
本章总结......142
练习与实践......143
实训任务......144

第9章 初始代码......145

本章导读......145
效果欣赏......145
学习目标......145
技能要点......145
实训任务......145
9.1 认识常见的网店装修代码......146
 9.1.1 HTML概念......146
 9.1.2 常用代码标签......146
9.2 table表格应用案例......150
 9.2.1 用table绘制简单表格......150
 9.2.2 table表格应用基础——切片分隔符......151
 9.2.3 table表格嵌套的应用......152
本章总结......158

练习与实践......158
实训任务......159

第10章 Div和行内css样式......160
本章导读......160
效果欣赏......160
学习目标......160
技能要点......160
实训任务......160
10.1 div+css样式......161
10.1.1 div标签......161
10.1.2 css样式......161
10.2 div+css案例应用......167
10.2.1 div+css效果图演示......167
本章总结......168
练习与实践......168
实训任务......169

第11章 position定位......170
本章导读......170
效果欣赏......170
学习目标......170
技能要点......170
实训任务......170
11.1 定位属性......171
11.1.1 position属性......171
11.1.2 相对定位......171
11.1.3 绝对定位......172
11.2 定位属性效果演示......173
11.2.1 Position的案例使用......173
本章总结......175
练习与实践......175
实训任务......176

第12章 Widget规范......177
本章导读......177
效果欣赏......177
学习目标......177
技能要点......177
实训任务......177
12.1 Tabs——标签页......178
12.1.1 Tabs所需DOM结构......178
12.1.2 Tabs组件调用方法......179
12.1.3 Tabs参数配置......179
12.2 Slide卡盘......180
12.2.1 Slide所需DOM结构......180
12.2.2 Slide组件调用方法......181
12.2.3 Slide案例应用......181
12.3 Carousel - 旋转木马......182
12.3.1 Carousel所需DOM结构......182
12.3.2 Carousel组件调用方法......183
12.3.3 Carousel案例应用......184
12.4 Accordion - 手风琴......185
12.4.1 Accordion - 手风琴所需DOM结构......185
12.4.2 Accordion组件调用方法......186
12.4.3 Accordion参数配置......187
12.5 Popup - 弹出层......187
12.5.1 Popup - 弹出层所需DOM结构......187
12.5.2 Popup组件调用方法......188
12.5.3 Popup参数配置......188
12.6 Countdown - 倒计时......190
12.6.1 Countdown组件调用方法及所需DOM结构......190
12.6.2 Countdown参数配置......193
12.7 店铺倒计时效果演示......194

本章总结......195
练习与实践......195
实训任务......196

第13章 组件......197

本章导读......197
效果欣赏......197
学习目标......197
技能要点......197
实训任务......197
13.1 网店组件......198
13.1.1 二维码图片组件......198
13.1.2 购物车组件......198
13.1.3 收藏宝贝组件......198
13.1.4 喜欢组件简介......198
13.1.5 页面如何添加喜欢组件......199
13.1.6 分享组件简介......199
13.1.7 页面如何添加分享组件......200
本章总结......201
练习与实践......201
实训任务......202

第1章 网店美化与装修必备知识

本章导读

- 网店装修对于淘宝网商来说一直是个热门话题，在装修的意义、目标上一直存在着众多的观点，然而不论是一个实体店面还是一个网店，其都是一个进行交易的场所，装修的意义就是促进交易的实现。建立一个网店与实体店一样，也需要自己的网店名称、独具特色的网店标识和区别于其他店铺的色彩风格。
- 本章主要明确店铺装修的具体目的。

  1. 提高商品转化率。
  2. 让店铺商品更整齐。
  3. 提高店铺的美观性。

  其中，提高商品转化率很重要，很多买家虽然都是通过宝贝详情页进入店铺的，但如果他们对店内产品感兴趣，那么店铺装修就显得尤为重要了。

效果欣赏

学习目标

- 了解什么是网店装修。
- 了解网店装修的意义。
- 店铺装修与转化率的关系。
- 了解常见的电商平台及其配色。
- 了解网店装修中的误区。

技能要点

- 掌握网店装修的作用与意义。
- 掌握店铺装修与转化率之间的关系。
- 常见电商平台及其配色有哪些?

实训任务

- 掌握常见电商平台及其主流配色。
- 合理确定网店装修的风格。

1.1 什么是网店装修

在网店中，网商对网店中的某些模块位置进行了初步规划，店家只需对每个模块进行细致设计与美化，要让单一的页面呈现出丰富的视觉效果，就要对网店进行一番装修。网店是通过一个个单独的网页组合起来的，且每个商品都有一个单独的详情页面，这些页面都是需要美化与修饰的，需要加入大量的图片和文字信息，顾客通过掌握这些信息来了解商品。网店装修的内容之一就是对店中商品的图片、文字等内容进行艺术化的设计与编排，使其展现出诱人的视觉效果，如图1-1所示。

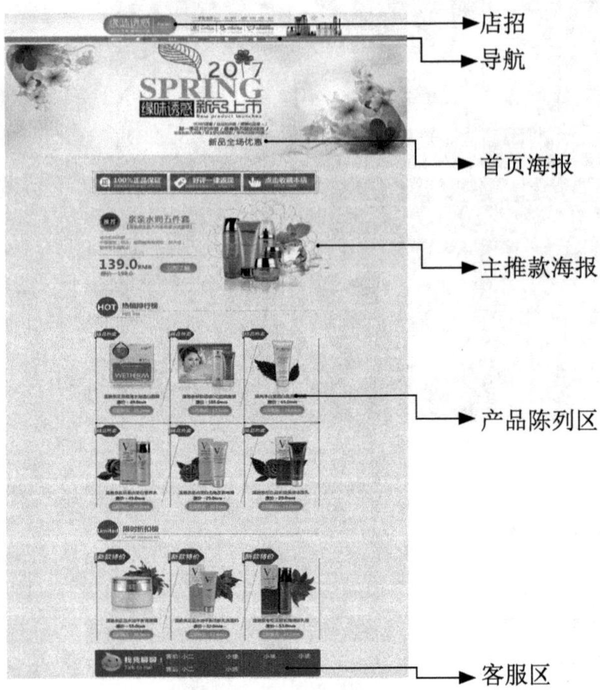

图1-1　网店装修效果图

1.2 网店装修的意义

网店装修对于网络上的店家来说一直是个热门话题，在网店装修的意义、目标和内容上一直存在着众多的观点。不论是实体店面，还是网店，它们作为一个进行交易的场所，其装修的意义是促进交易的达成，因此不妨从形象设计、空间使用率以及购物体验来探寻网店装修的意义。

1.2.1 获取网店信息

网店的装修风格可以起到一个品牌识别的作用，对于实体店来说，形象设计一方面能使外在形象保持长期发展，为店铺塑造更加完美的形象，加深消费者对企业的印象。同样，建立一个网店，也需要设定自己网店的名称、设计独具特色的LOGO和区别于其他网店的色彩和装修风格。

可以从网店首页的装修图片中提取出很多的重要信息，网店的店名、网店的LOGO、网店的配色风格、网店中销售商品的类别等，如图1-2所示。

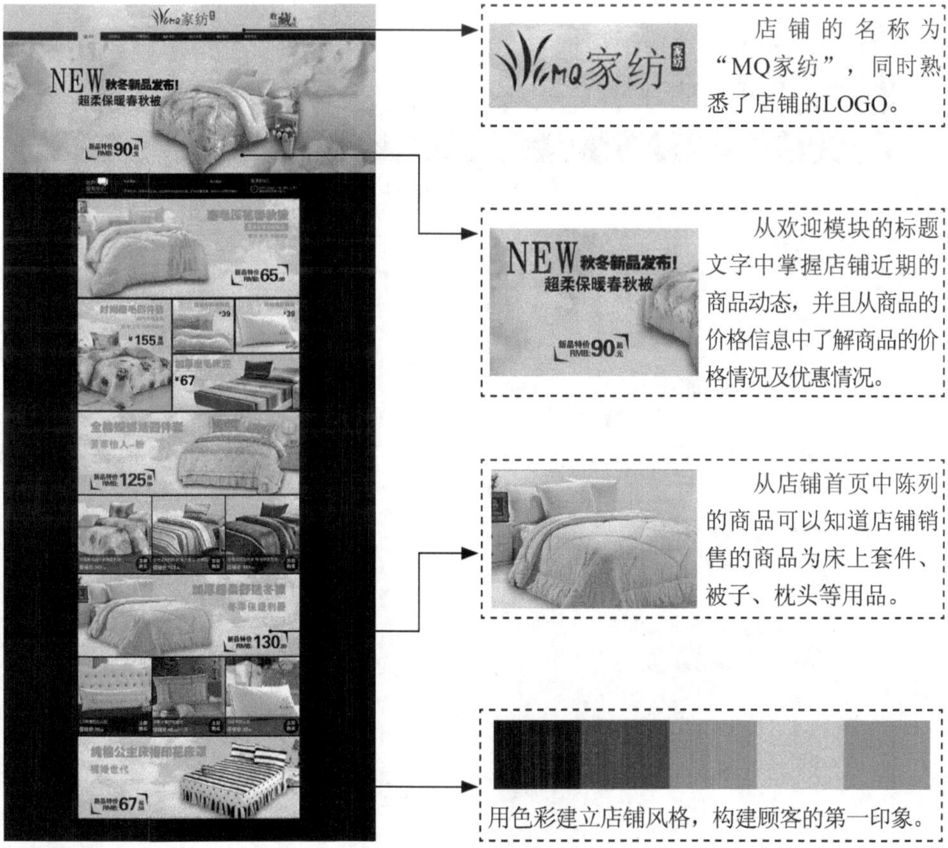

图1-2 网店首页信息

1.2.2 直观掌握更多的商品信息

网店页面包含主页面和详情页面，鉴于网店的特殊性，主页面中能够获取的信息有限，因此网商都对单个商品的展现提供了单独的平台，那就是商品详情页面。

商品详情页面的装修成功与否，直接影响到商品的销售和转换率，顾客往往是因为直观的、权威的信息而产生购买的欲望，所以必要的、有效的、丰富的商品信息组合和编排能够提升顾客对于商品的了解程度。图1-3和图1-4所示分别为两组不同的网店装修效果，一组是以平铺直述的方式呈现商品的信息，而另外一组是通过对图片合理的处理和简要的文字说明来表现，通过对比可以发现后者更加具有打动消费者的能力。

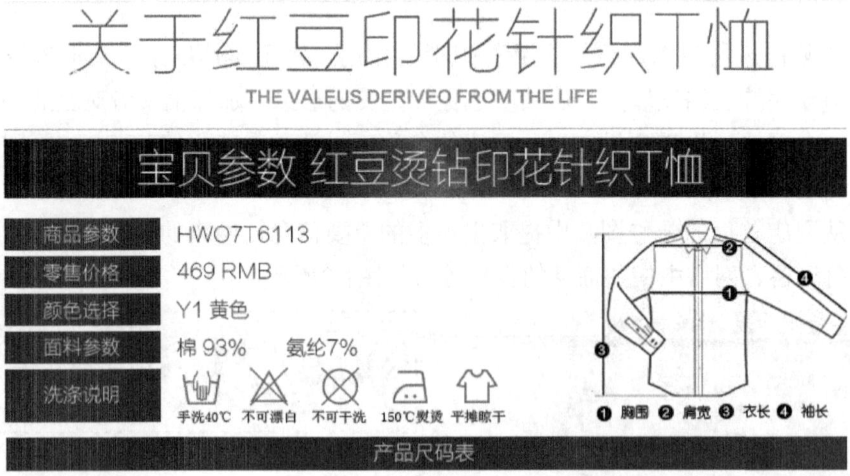

图1-3 产品属性1

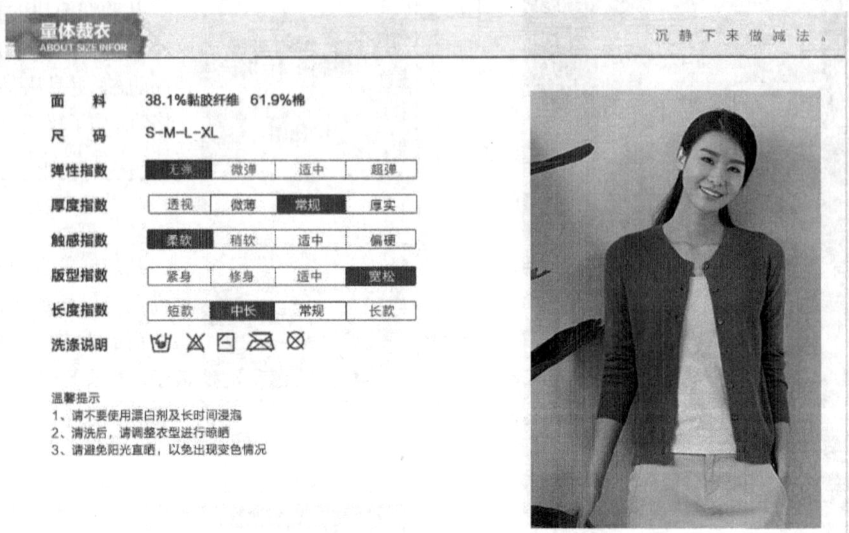

图1-4 产品属性2

1.3 网店装修与转化率的关系

转化率就是所有进入网店并产生购买行为的人数和所有进入到网店的人数的比率。网店的转化率提升了，网店的生意也会更上一层楼。哪些因素是影响网店转化率的呢？图1-5所示的五个方面就是影响转化率的因素。

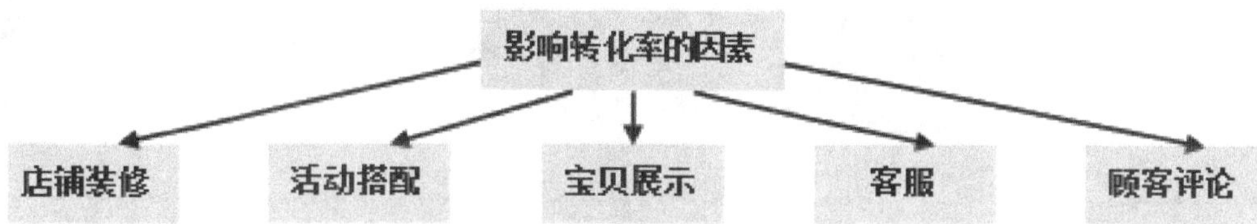

图1-5　网店装修与转化率的关系

1.4 常见电商平台及其配色

常见的电商平台有淘宝、京东、当当网等，这些电商平台下面都有很多的个体商家。通过观察可以发现这些电商的网页装修虽各有特点，但是都是以红色为主调，具体如图1-6、图1-7和图1-8所示。

橘红色调为主的淘宝网色彩鲜艳醒目，给人一种积极乐观的感觉，富有很强的视觉冲击力。淘宝网的商家店铺中，大部分区域的线框和按钮的色彩均为橘红色，能够传递出温暖、幸福和甜蜜的感受，让店家与顾客的距离更近。

图1-6　淘宝网配色

大红色调为主的天猫商城让人视觉上有种强烈的震撼感，通过与黑色进行搭配，能够体现出一定的品质感，与天猫商城的商家性质一致。此外，这样的配色能够给观看者一定程度上的振奋之感。

图1-7　天猫商城配色

唯品会是一家做特卖的网站，销售的商品均为注册品牌商品，针对的客户主要是女性消费者，因此在色彩上更倾向于女性喜爱的洋红色。

唯品会网以洋红色为主的配色的效果，可以突显出典雅和明快的感受，能够透露一种热门而活泼的效果，更容易被女性顾客接受。

图1-8　唯品会网站配色

京东是中国最大的自营式电商企业，它的LOGO为一只名为Joy的金属狗，成为京东官方吉祥物。京东商城官方对金属狗吉祥物的诠释是以对主人忠诚而著称，拥有正直的品行和快捷的奔跑速度。

京东的主色调是大红色，与天猫的配色类似，都是通过暖色调来表现热情、胜利和欣欣向荣的视觉氛围，能够为顾客营造出愉悦的购物心情。

京东的LOGO主要以金属色的狗与大红色的字为主，表现出忠诚、热情和朝气蓬勃的情感，与网页中的配色高度一致。

图1-9　京东商城配色

当当网是综合性的购物网站，它的网页配色与其他电商相同，都与LOGO的配色一致，橘红色给人以强烈的视觉冲击力，有活泼、愉悦的视觉感受。

图1-10　当当网配色

1.4.1　如何确定装修的风格

无论是实体店还是网店，装修的好坏、是否能吸引眼球、是否能突出产品特色，都是至关重要的。网店装修风格的确定涉及到整体运营的思考，装修风格确定之前，需要认真思考一下网店所销售的产品，对产品进行分类，分清最突出的是哪一类。如果产品年轻化，在装修上就要突出青春活力的特点；如果是主打高档路线，在装修上就要给人一种高贵华丽的感觉。对于店面的风格设定，需要每个店家认真去思考，对如何确定网店装修的风格要从多方面入手进行了解。

1.4.2 网店整体色调的选择

网店色调指的是店面的总体表现，是网店大致的装修色彩效果，是一种一目了然的感觉。不同颜色的网店装修画面都带有同一色彩倾向，这样的色彩表现就是色调。色调的表现在于给人一种整体的感觉，或突出青春活力，或突出专业销售，或突出童真活泼等，如图1-11所示。

图1-11　网店主色调案例

1.5 网店装修中的误区

1. 图片过多过大

在有些网店的首页装修页面中，店标、公告及栏目分类等全都使用图片，而且这些图片非常大。虽然图片多了，网店一般会更美观，但是却使买家在浏览商品的时候速度变得非常慢，网店的栏目长时间显示不出来，或者是重要的公告也看不到，这样就会让买家失去等待的耐心，从而造成顾客的流失。

2. 动画过多

有些网店将店铺布置得像动画片一样闪闪发光，能闪的地方都让它闪出来，例如店标、公告、宝贝分类，甚至宝贝的图片、浮动图片等。动画固然可以吸引顾客的视线，但是使用过多的动画会占用大量的宽带空间，网页下载速度会更慢。使用这么多的动画，浏览者看起来会很累，突出不了重点，容易对顾客造成视觉上的疲劳，不能对商品产生应有的兴趣。

3. 网店装修的色彩搭配太多

有些卖家把网店的色彩搞得鲜艳华丽，把界面做得五彩缤纷。色彩总的运用原则应该是“总体协调，局部对比”，在色彩的运用上，可以根据网店的需要，分别采用不同的主色调。网店的产品风格、图片的基本色调、公告的字体颜色最好与网店的整体风格对应，这样出来的整体效果和谐统一，不会让人感觉很乱。

4. 页面布局设计过于复杂

网店装修的布局设计切忌繁杂，不要把网店设计成门户类网站。虽然把网店做成大网站看上去比较有气势，使人感觉网店很有实力，但会影响买家的使用。顾客在这么繁杂的网店里想要找到自己想要的商品，不合理或者复杂的布局设计会让人眼花缭乱。不是所有可装修的地方都要装修或者必须装修，局部区域不装修反而效果更好。

5. 商品图片水印尺寸不合理

商家为了避免盗图的情况出现，通常都会在商品图片上添加水印，但是如果不能准确地把握好水印的大小，就会让商品的表现力削弱，形成喧宾夺主的情况。网店中的商品图片宽度一般不超过700像素，水印大小一般是小的矩形，建议长度在150像素以内，高度在50像素以内。如果图片水印是长条水印或者其他的形状，可以在Photoshop中修改图片水印的大小和形状。

6. 详情页面中过多的模特图片

有的店家认为顾客喜欢通过模特展示商品，因为模特图片可以真实的反应出商品的大小、外观等，让商品表现得更加真实，但是殊不知在详情页面中使用过多的模特图片会让详情页面中的信息过载，这会给顾客造成信息重复的假象。一个商品只要能从几个重要的方位展示即可，因此在设计详情页面时，要注意把握住信息表现的节奏，切忌因为投其顾客的喜好而加大对某个方面信息的表现，这反而不能获得最佳的效果，设计中任何的信息表现都要适可而止。

本章总结

通过本章的学习，应能够了解网店装修的意义与重要性，可以熟练掌握网店装修所包含的内容、网店装修与转化率的关系。了解了网店装修中常见的误区，可以根据店铺的产品，确定装修风格及整体色调。

练习与实践

【单选题】

1. 常见电商平台配色的主色调是（　　）。

A. 黄色　　B. 蓝色

C. 红色　　D. 绿色

2. 网店装修的意义是（　　）。

A. 获取店铺信息　　B. 促进转化率

C. 展示商品　　D. 展示联系方式

【多选题】

1. 影响店铺转化率的因素有哪些（　　）。

A. 店铺装修　　C. 宝贝展示

B. 客服　　D. 活动搭配

2. 网店装修中常见的误区有哪些（　　）。

A. 店铺装修的色彩搭配太多　　B. 页面布局设计过于复杂

C. 详情页面中过多的模特图片　　D. 图片过多过大

3. 常见电商平台有哪些（　）。

A. 京东　　B. 淘宝

C. 当当网　　D. 李宁

【判断题】

1. 网店装修可以根据店主自己的兴趣爱好确定装修风格。（　　）

A. 对　　B. 错

2. 在网店装修中图片不宜过多过大。（　　）

A. 对　　B. 错

3. 在网店装修中可以合理使用动画图片。（　　）

A. 对　　B. 错

实训任务

网店装修风格分析与定位	
项目背景介绍	童装店铺装修风格定位
设计任务概述	1. 童装店铺装修风格分析 2. 根据店铺产品的特点及对同类店铺装修风格的分析，确定店铺的装修风格
设计参考图	
实训记录	
教师考评	评语： 辅导教师签字：________

第2章 网店美化与装修前准备

本章导读

- 产品的拍摄很重要。一方面，产品的拍摄要充分向顾客展现该类产品的特点；另一方面，除了尽量保持产品的原貌外，充分体现出产品的增值效果同样很重要。不同产品相互搭配，能够展现出不同的风格，体现出不一样的效果，这可能会极大地刺激消费者的购买欲。
- 产品照片拍得好与差，在销售的时候影响很大。一些网店的商品本身虽然挺好看、质量也挺好、价格也优惠，但就是没人买。很多原因都是商品的照片让买家看了就没有购买的欲望。买家一般会先通过图片来判断产品的质量、材质、新旧等信息，一张好的图片胜过千言万语的详情简介。客户会看图片，但不一定会看详情简介，我们是卖家的同时也是买家，换位思考下，拍照的重要性就一目了然了。

效果欣赏

学习目标

- 如何正确拍摄宝贝图片。
- 收集装修所需的设计素材。
- 获得图片的存储空间。
- 了解装修中遇到的文件格式。
- 后期处理商品图。

技能要点

- 掌握拍摄商品图片的技能。
- 收集装修设计商铺所需的设计素材。
- 商品图片的后期处理。

实训任务

- 拍摄网店的商品图。
- 对拍摄的商品图进行后期处理。

2.1　拍摄宝贝图片

在进行网店装修之前，首先要考虑网店的整体风格，从拍照开始就必须有全面的规划。

2.1.1　摄影器材选择

一、成像设备

1. 卡片机

卡片相机在业界内没有明确的概念，仅指那些外形小巧、机身相对较轻的相机，以超薄时尚的设计为衡量的主要标准。其中索尼T系列、奥林巴斯AZ1和卡西欧Z系列等都应划分于这一领域，如图2-1所示。

图2-1　卡片机

卡片机的主要特点如下所述。

（1）小巧、易携带，操作简单方便。虽然它们功能并不强大，但是具有最基本的曝光补偿功能，还有超薄数码相机的标准配置，还有区域或者点测光模式，卡片机有时候还是能够完成一些摄影创作。至少对画面的曝光可以有基本控制，再配合色彩、清晰度、对比度等选项，很多漂亮的照片也可以来自这些被“高手”们看不上眼的卡片机。

（2）卡片机的优点：卡片机的外观时尚、大屏幕液晶屏、小巧纤薄的机身，操作便捷。

（3）卡片机的缺点：手动功能相对薄弱、超大的液晶显示屏耗电量较大、镜头性能较差，一般不能更换镜头。对焦、拍摄的速度相对较慢。电池不耐用，照相的功能与单反相机相比，差距比较大。

（4）卡片机的使用方法：捏卡片机时，应该在拍摄构图前查看当前的拍摄环境，做好相机拍摄参数的调整。另外，防止手指挡住闪光灯。卡片机的设计方式不尽相同，消费者需要自行变通，摸索出自己最容易掌握的拍摄手法。

卡片机拍摄的小技巧如下所述。

（1）微距摄影。

卡片机的微距功能较普通的消费级数码相机来说有所淡化，特别是那些镜头结构为潜望式的机型，微距效果比较弱，但这并不能成为拍摄不出好照片的理由。

用卡片机进行微距摄影前，要注意曝光量的掌握、拍摄角度等问题，如有可能应稍微使用光学变焦来减小广角端的畸变现象，并尽量找地方固定相机，比如三脚架、桌面等，同时将相机设置在强制不闪光状态，避免主体曝光过度。

（2）风光摄影。

选定卡片机的风光模式，使用相机的广角端进行拍摄，如果运用变焦就失去了风光摄影的意义了。在拍摄中特别需要注意光线射入的方向，尽量避免大背光角度的拍摄，但为了不产生光晕现象，也不要让阳光折射到镜头。在某些特殊时段甚至需要手动调整白平衡效果，比如阴天、日出、夕阳等环境，这些都要靠拍摄者自己灵活调整了。

（3）人像摄影。

卡片机多数都不具备可调节光圈大小的功能，想要获得突出人物、虚化背景的效果实属不易，但选择人像模式后，相机会根据拍摄距离调用该焦距段下的最大光圈，若要最大程度的虚化背景就必须使用广角端拍摄了。拍摄人像，测光点最好位于脸部，如果是拍摄脸部特写，则以对焦眼部为最佳。如果是在室内拍摄人像照片，同样需要注意相机因曝光不足而引起的照片模糊，并视环境光线的强弱决定是否启动防红眼功能。手持卡片机时，应该在拍摄构图前查看当前的拍摄环境，设置好相机拍摄的参数，还要防止手指挡住闪光灯。卡片机的设计方式不尽相同，消费者需要自行变通，摸索出自己最容易掌握的拍摄手法。

2. 单反相机

数码单反相机的全称是“数码单镜头反光相机”，英文缩写为“DSLR”，取“Digital（数码）”“Single（单独）”“Lens（镜头）”“Reflex（反光）”几个英文单词的首字母缩写。数码单反相机是指使用单镜头取景方式进行拍摄的一种数码相机，市面上常见的数码单反相机品牌有尼康、佳能、索尼、富士、宾得等，如图2-2所示。

使用一般的数码相机进行拍摄时，拍摄者是通过液晶屏（LCD）或电子取景器（EVF）看到所拍摄的影像。在使用数码单反相机进行拍摄时，当按下快门按钮后，反光镜会向上弹起，感光元件（CCD或CMOS）前面的快门同时打开，通过镜头的光线投射到感光原件上使其感光，再折射到对焦屏以形成影像，感光完毕后反光镜立即恢复原状，这时拍摄者在取景器中可以再次看到影像。数码单反相机的这种构造，说明它是完全透过镜头对焦来完成拍摄的，能够使在取景器中所看到的影像和在感光元件上形成的影像保持一致。另外，数码单反相机的取景范围和实际拍摄范围基本一致，更加有利于取景构图，并增强了拍摄的准确性。

图2-2 单反相机

单反相机的主要特点如下所述。

（1）单反数码相机一个很大的特点就是可以交换不同规格的镜头，这是单反相机天生的优势，是普通数码相机不能比拟的。另外，现在单反数码相机都定位于数码相机中的高端产品，因此在关系数码相机摄影质量的感光元件（CCD或CMOS）的面积上，单反数码的面积远远大于普通数码相机，这使得单反数码相机的每个像素点的感光面积也远远大于普通数码相机，因此每个像素点也就能表现出更加细致的亮度和色彩范围，使单反数码相机的摄影质量明显高于普通数码相机。

（2）单反相机的优点：单反相机只有一个取景镜头，既用它摄影也用它取景，因此视差问题基本得到解决。取景时来自被摄物的光线经镜头聚焦，被斜置的反光镜反射到聚焦上成像，再经过顶部起脊的“屋脊棱镜”反射，摄影者通过取景目镜就能观察景物，而且是上下左右都与景物相同的影像，因此取景、调焦都十分方便。摄影时，反光镜会立刻弹起来，镜头光圈自动收缩到预定的数值，快门开启使胶片感光，曝光结束后快门关闭，反光镜和镜头光圈同时复位。

（3）单反相机的缺点：单镜头反光照相机增加反光镜室和五棱镜以后，机身加高、加厚，重量增加，反光镜弹起来的一瞬间还会出现机械震动和噪音，从按下快门钮到启动快门的时间间隔也比其他照相机略长。使用小口径镜头在光线较差的环境中取景、调焦会因取景屏较暗而产生困难，易造成聚焦失误。因此国外的一些新闻记者又拿起了平视取景、双影重合调焦的照相机，他们认为这种照相机小巧轻便、取景明亮、调焦迅速，便于抢拍镜头。

3. 微单

微单是一个新型的词语，被赋予两个意思：微，微型小巧；单，单反相机的画质。也就是说这个词是表示了这种相机有卡片机的小巧体积和单反相机一般的画质，如图2-3所示。

图2-3 微单

2010年6月，索尼首推了微单相机NEX-5 和 NEX-3。微单相机具有便携性、专业性与时尚性相结合的特点，微单相机所针对的客户群主要是那些一方面想获得非常好的画面表现力，另一方面又想获得紧凑型数码相机的轻便性的客户群。

微单（EVIL）和低端数码相机（DC）主要有以下几点区别。

（1）传感器画质更好。微单相机的画质和普通小相机的传感器画质有明显差距。微单传感器所拍摄的画面更为纯净，细节更为完整细腻，色彩层次更丰富，宽容度更高以及高感光度下的画质更好。

（2）拍摄人像时，通过换用特定镜头，微单更容易拍出主题清晰，背景模糊的效果。卡片相机由于焦距短的关系，拍出来的照片基本整个画面都是清晰的，微单和单反则不同，在使用长焦距，大光圈镜头时可拍出只有焦平面清晰而背景模糊的照片，突出主体。

（3）对焦更快、连拍更强。由于微单相机使用的是反差对焦混合相位对焦模块，所以对焦的速度要快于低端数码相机。

（4）可换镜头。微单是一个系统，不同的领域有各种镜头，长焦镜头、广角镜头、微距镜头等。虽然常见卡片相机也能有长焦功能和微距功能，因受到镜头素质和传感器面积影响，卡片机的出片效果不如微单或单反相机。

二、灯光设备

1. 外拍灯

外拍灯属于摄影产品，可以起到补光的作用。室外使用外拍灯的基本用光原理和室内影棚差不多。除此之外，人工外拍灯光的使用结合相机的拍摄设置，可以营造出纯自然光外景拍摄无法达到的奇特艺术效果，如图2-4所示。

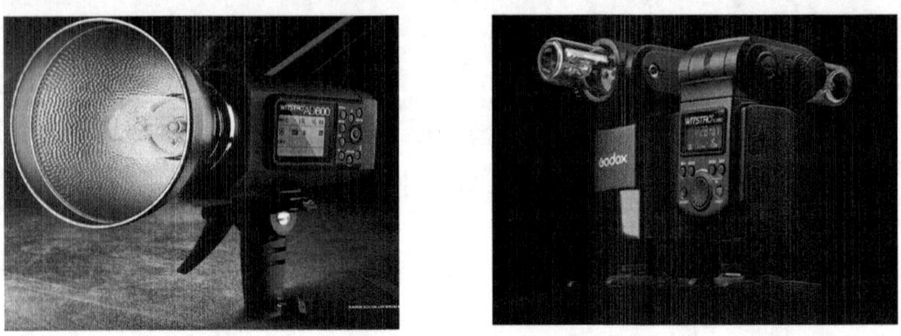

图2-4 外拍灯

2. 影室闪光灯

影室闪光灯，又名闪光灯，影室灯。影室闪光灯是摄影室内使用的人造光源。影室闪光灯是高压大电流通过氙气灯管瞬间（1/800秒到1/2000秒的时间内）放电发出强闪光。耗电很低，但光强度非常高，如图2-5所示。

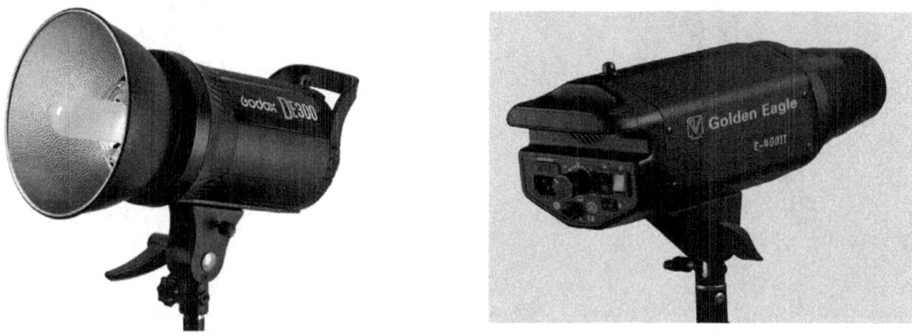

图2-5 影室闪光灯

3. 内置闪光灯

内置闪光灯就是相机本身带有的闪光灯，一般亮度比较小，也叫机载闪光灯。目前，几乎所有相机都有内置闪光灯，高级的单反由于比较专业，没有机载闪光灯。与之相对应的有机顶闪光灯，就是另外单独的闪光灯，一般亮度比较大，好的闪光灯还有自动控制亮度的功能。一般卡片机不能加装机顶闪光灯，比较高级的卡片机有热靴，可以加载机顶闪光灯。单反都有热靴，都可以加机顶闪光灯，如图2-6所示。

图2-6 内置闪光灯

三、辅助设备

1. 三脚架

一般消费者在购买数码相机的时候往往会忽视了三脚架的重要性，实际上要想拍摄好的照片往往都离不开三脚架的帮助，比如星轨拍摄、流水拍摄、夜景拍摄、微距拍摄等。三脚架的作用无论是对于业余用户还是专业用户都不可忽视，它的主要作用就是能稳定照相机，以达到某种摄影效果。最常见的就是在长时间的曝光中使用三脚架，用户如果要拍摄夜景或者带涌动轨迹的图片的时候，需要更长的曝光时间，这个时候，要想相机不抖动，就需要三脚架的帮助，所以选择三脚架的第一个要素就是稳定性，如图2-7所示。

图2-7　三脚架

2. 静物棚、柔光、罩反光板、测光表、灰卡

这些都是一些在拍摄过程中需要使用到的工具。

2.1.2　布置室外拍摄场地

室外拍摄的前期准备工作不算太复杂，一般来说，准备好补光道具和一些辅助道具就好，但室外拍摄对周围环境有特殊要求。

淘宝拍照的外景主要是选择风景优美的环境作为背景，采用自然光加反光板补光的方式来拍照，这样的照片风格感更加明显，比较容易形成独有的个性特色和营造商业化的购物氛围。

要拍出好照片，前期工作就得做好，在布置室外拍摄场地时要选择合适的时间段，选择适合商品拍摄的背景，还需根据天气情况布置好相应的拍摄灯光。

2.1.3　布置室内拍摄场地

图片是商品的灵魂，一张漂亮的商品照片可以直接刺激到顾客的视觉感官，让他们产生了解商品的兴趣和购买的欲望。一张成功的商品照片与拍摄时的环境选择和布置密不可分。

在室内淘宝拍照时要尽量选择整洁和单色的背景，照片里不宜出现与商品不相关的物体和内容，除非是为了衬托商品而使用的参照物或配饰。在室内拍照对场地面积、背景布置、灯光环境等都有一定的要求，做好充分准备才能拍出具有专业感的商品照片，如图2-8所示。

图2-8 室内灯光布置

2.1.4 拍摄商品要多角度、重细节

多角度，可以再现商品的真实形态；重细节，可以体现商品的做工和品质，这两点是拍摄商品时的基本原则。

下面以一组女士凉鞋为例，如果只有一张图，顾客很难了解鞋子的做工、细节和整个样式，若配上其他三张图，鞋子的全貌就能从多个角度得以呈现。鞋子的材质、款式细节和设计感都被立体地表现出来，这样的商品就更加容易吸引人，如图2-9所示。

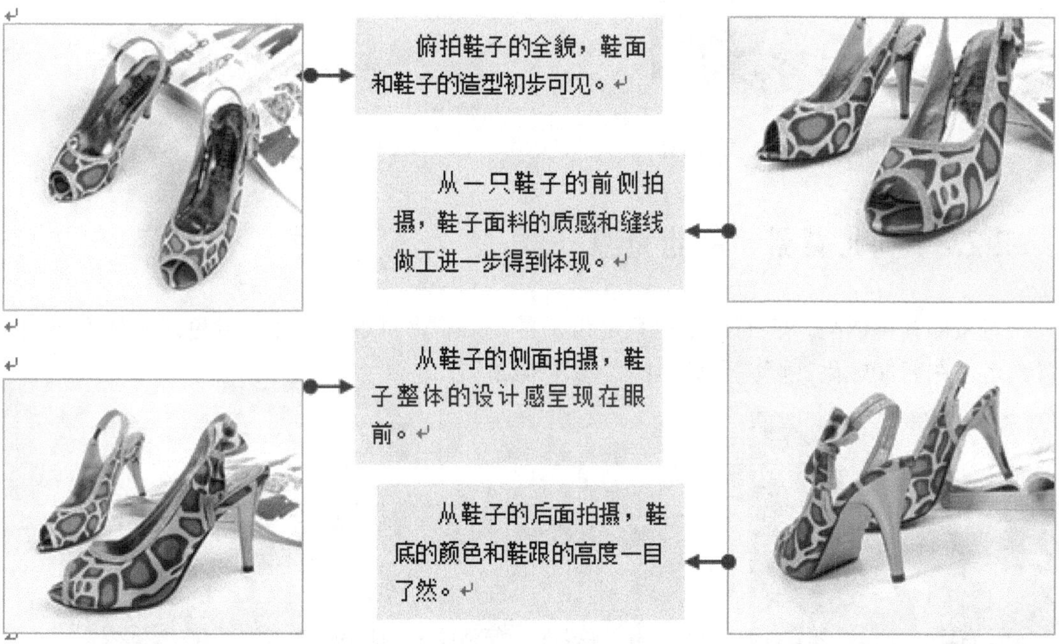

图2-9 宝贝细节图

2.2 后期修片原则

2.2.1 还原宝贝色彩

相机拍出来的照片，时常会与商品图片有色差，经后期修片后，能最大程度保持商品的本来色彩，修片最为重要的一点原则是保证商品图片的真实感。因此在使用图像软件时一定要避免过分修改，以免图片跟宝贝的色彩偏差太大而引起消费者的异议。如图2-10所示，商品图色调得过于强烈，颜色偏差较大，图2-11的商品图相对较自然，稍微偏色但可以被接受。

图2-10　色差大的图片

图2-11　色差小的图片

2.2.2 简化背景，突出重点

背景即使再漂亮，它的作用也只是为了衬托商品。对过于华丽、颜色跟主体不协调的背景可以在后期虚化甚至完全替换掉，如图2-12所示。

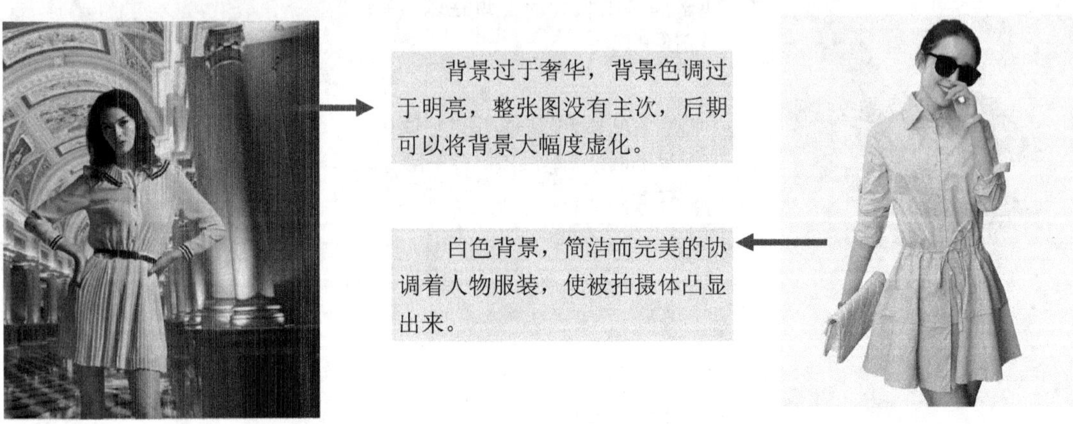

图2-12　产品拍摄图

2.2.3　谨慎锐化

锐化工具在后期修片中经常使用，但是切莫过分锐化导致像素块过多而降低图片的质量。用低像素的手机或者卡片机拍出来的图片在后期处理时更要注意这个问题，过度的锐化会使画面被破坏，如图2-13所示。

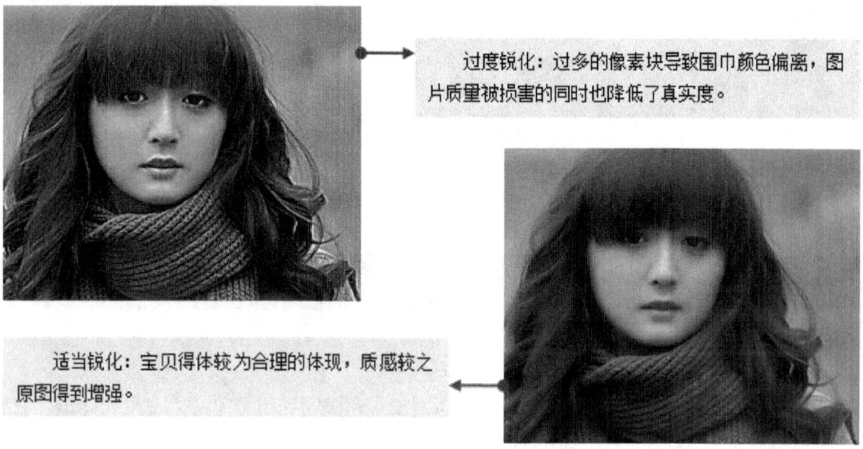

图2-13　产品锐化图

2.2.4　保证图片的原长宽比

如果为了将图片套入页面格式而强行改变图片的长宽比，将会使图片失真，影响商品的真实度。作为“门面”内容之一的图片，一定要保证看起来大方自然。

总结：作为商品图片，后期处理的“创作”成分并不多，一般都以调色和调整对比度为主，并以 “真实、明了”作为后期处理的主要原则，在此大原则的指导下，可适当的为图片进行调整。

2.3　收集装修所需的设计素材

在网店装修的过程中，为了获得最佳的画面效果，会使用很多素材对画面进行修饰。例如使用光线对文字和金属质感的商品进行修饰、利用花卉素材对标题栏或者标题进行点缀、用碎花素材对画面的背景进行布置等，在这些操作中都需要使用设计素材。

与拍商品照片素材不同，设计素材大部分都是起着修饰和点缀的作用，其大部分都为矢量素材。下图为不同风格的网店装修素材，将这些图像进行合理的应用，可以让装修的画面更加精致，如图2-14所示。

图2-14　设计素材

2.4　了解文件格式

在对网店装修的过程中，会遇到很多不同格式的图片和文件，这些不同格式的图片和文件都有不同的特点，也会应用到网店装修的不同区域中。想要正确的对其进行使用，就一起来了解一下这些图片和文件格式的特点。

1. JPG或JPEG格式

位图格式，有损压缩，适用于网上传输，是目前较流行的24位图像文件格式。它以BMP格式为基准，在图像失真较小的情况下，进行较大压缩，效果与BMP差不多，所占空间小。

2. GIF格式

有损压缩格式，广泛应用于网页中，支持动画。

3. PNG格式

为Macromedia Fireworks的源文件格式，主要用于网页中，支持透明背景。

4. PSD格式

PSD格式是PS源文件格式，在存储图像文件中包含图层、Alpha通道、蒙版、路径、参考线、注释和色彩模式在内的所有图像信息。保存的信息量大，故文件也相对较大。

5. BMP格式

BMP格式支持RGB、Index（索引）颜色、灰度和位图颜色等色彩模式，但不支持CMYK模式。

6. TIF格式

无损压缩格式，支持RGB、CMYK、Lab、Index、颜色和灰度等色彩模式，颜色信息较高，是跨平台格式。

7. EPS格式

矢量图跨平台格式，压缩的PostScript格式必须在PostScript打印机上输出图像。

8. HTML格式

HTML格式是目前网络上应用最为广泛的语言，也是构成网页文档的主要语言。HTML文件是由HTML命令组成的描述性文本，HTML命令可以说明文字、图形、动画、声音、表格、链接等。HTML文件的结构包括头部（Head）、主体（Body）两大部分，其中头部描述浏览器所需的信息，而主体则包含所要说明的具体内容。

本章总结

通过本章的学习，学习者应能够了解商品拍摄的重要性、在对店铺装修之前，必须考虑店铺风格，从拍照开始就必须有全面的规划。掌握了常用拍摄器材的使用及室外室内拍摄场地的布置。以客户为中心，客户购买商品时想看到什么？想了解商品的哪些特性？想关注商品的哪些细节以及包装情况？多角度、重细节的拍摄商品。产品后期进行的细节处理包括商品色彩、背景、锐化等。

练习与实践

【单选题】

1. 下列哪项不是布置室内拍摄场地的必备条件（　　）？

A. 布置背景　　B. 布置灯光

C. 布置道具　　D. 选择时间段

2. 网店常用图像文件的分辨率一般是（　　）像素/英寸。

A. 300　　B. 72

C. 960　　D. 100

【多选题】

1. 在网店装修中遇到的文件格式有哪些（　　）？

A. GIF格式　　B. PNG格式

C. PSD格式　　D. DOCX格式

2. 常用的摄影器材有哪些（　　）。

A. 卡片机　　B. 单反相机

C. 手机　　D. 微单

【判断题】

1. 在商品拍摄过程中要多角度、重细节的拍摄商品。（　　）

A. 对　　　　B. 错

2. 图片在后期的处理过程中，为了提高图片的美观度，可以过度处理图片。（　　）

A. 对　　　　B. 错

3. 在网店装修的过程中，为了获得最佳的画面效果，可以从网上下载很多素材对画面进行修饰。（　　）

A. 对　　　　B. 错

实训任务

网店产品拍摄	
项目背景介绍	为店铺商品进行多角度、重细节拍摄
项目任务概述	1. 商品主图拍摄 2. 商品详情页细节图拍摄 3. 商品图片后期处理
项目参考图	 
实训记录	
教师考评	评语： 辅导教师签字：__________

第3章 专业的网店装修利器——Photoshop

本章导读

- 本章主要介绍了Photoshop在网店装修上的应用，包括图片修复处理、图片调色技巧、抠图、影调制作、文字的添加和编辑、切片工具的使用、图片的批量处理等，涵盖了网店装修的各个部分。

效果欣赏

学习目标

- 照片的基础调整。
- 照片的瑕疵修复。
- 商品的抠取与调色。
- 照片影调的调整。
- 网页切片的制作。
- 批量处理多张照片。

技能要点

- 掌握照片的基础调整与修复。
- 掌握商品的抠取与调色技巧。
- 网页切片的制作。

实训任务

- 掌握Photoshop在装修中的高级应用。
- 熟练运用Photoshop对商品图片进行后期处理。

3.1 照片的基础调整

3.1.1 “图像大小”改变照片分辨率

“图像大小”命令主要用来增加或缩小图像的视图显示尺寸和打印尺寸，如图3-1所示。

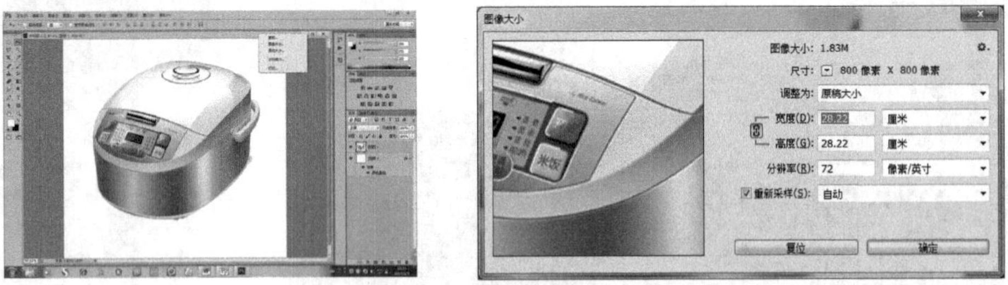

图3-1　改变图像大小

3.1.2 “裁剪工具”精确裁剪照片

1. 按固定尺寸裁剪，如图3-2所示。

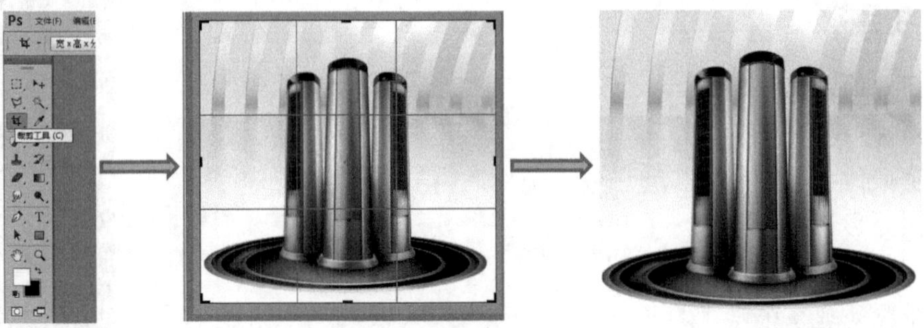

图3-2　裁剪图像

2. 用裁剪工具制作局部放大细节图，如图3-3所示。

图3-3　制作放大细节图

3.1.3　更改照片的文件格式

要更改照片的格式，可点击“文件”|“另存为”|“格式更改”，这样就可以改成想要的文件格式，如图3-4所示。

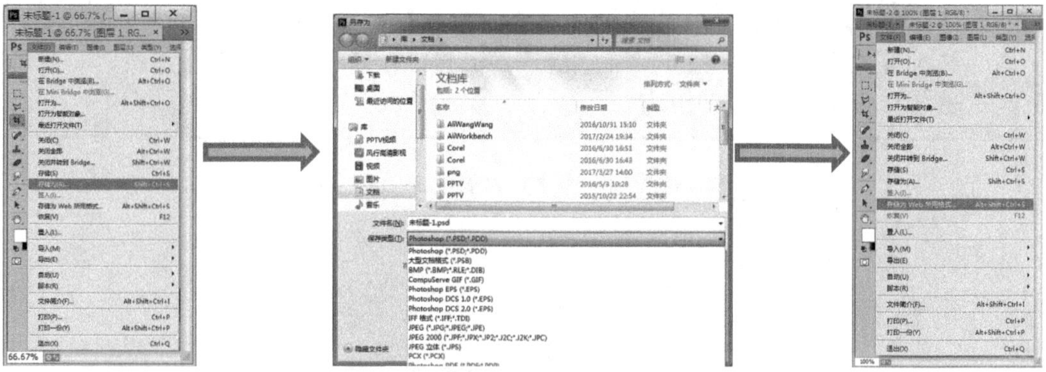

图3-4　更改文件格式

3.2　修复照片的瑕疵

3.2.1　去除照片中多余的图像

打开一张画面背景干扰物较多的照片，在图像窗口看到画面左右两边有杂物对整体画面产生了干扰。选中工具箱中的“仿制图章工具”，在选项栏中设置参数值，按住Alt键的同时在需要仿制图像的周围取样，取样后使用鼠标在干扰物上涂抹，将干扰物去除，如图3-5所示。

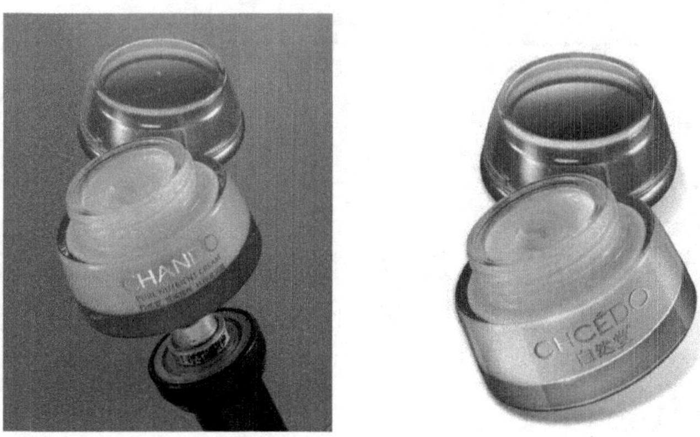

图3-5　去除照片中多余的图像

提示

“仿制图章工具”使用技巧如下所述。

先按Alt键取样，然后复制。勾选对齐时，每次复制的位置和上次复制时的位置完全相同；不勾选对齐时，每次复制时均将从取样点开始复制，如图3-6、图3-7和图3-8所示。

勾选对齐所有图层取样时，无论在哪个层取样，最终可以复制当前图像中所有层上的对像；不勾选对齐所有图层取样时，只能对图像当前图层中的对象进行取样。

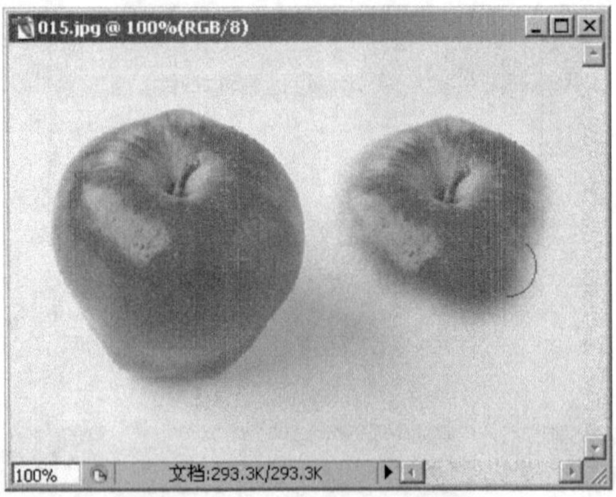

图3-6　仿制图章工具的使用

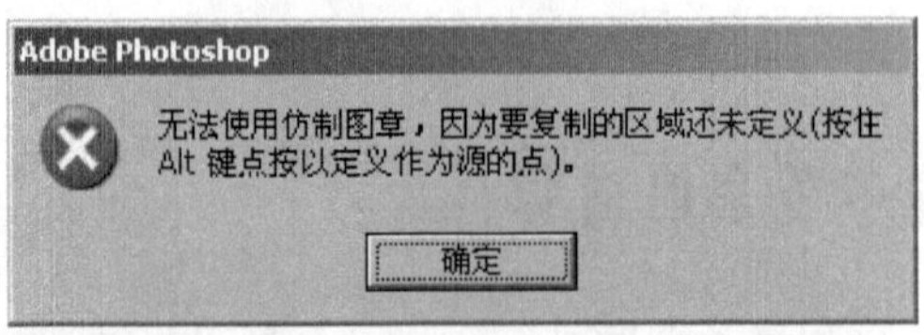

图3-7　没有取样弹出的警告对话框

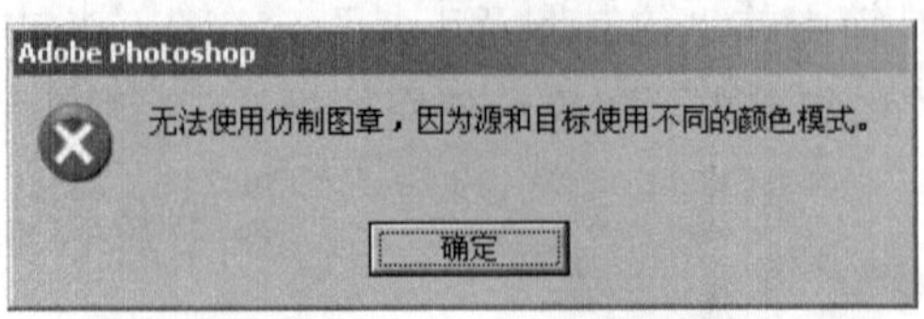

图3-8　模式不同，弹出的警告

3.2.2　消除人物的眼袋

选择工具箱中的“修补工具”，在选项栏中设置参数值，使用鼠标在眼袋的位置单击，并根据眼袋形状拖动鼠标创建选区，将选区向其周围比较好的皮肤处拖动，用取样的像素修补选区的像素，如图3-9所示。

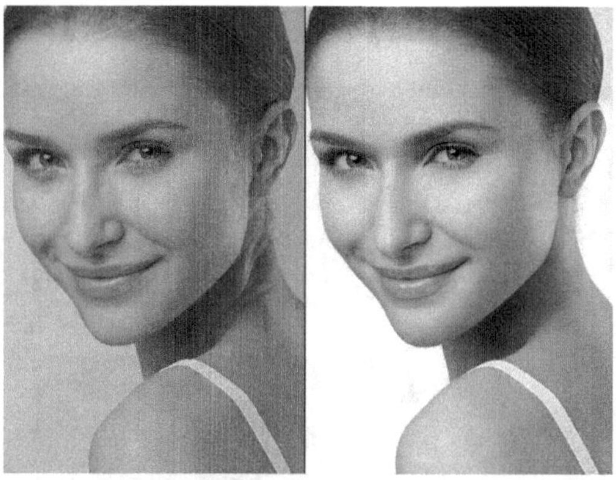

图3-9 消除人物眼袋

提示 “修补工具”是修复当前图像中的某个局部或某种图案。用法与“修复画笔”和“仿制图章”工具有些类似。“修补工具”只能在同一幅图像中进行“修补”。透明就是以透明方式显示被复制的图像内容。

3.2.3 抹去烦人的黑眼圈与斑点

打开一张黑眼圈与斑点严重的人物照片，可以看到画面让整个人看起来不够完美。选择工具箱中的“修复画笔工具”，在选项栏中设置，按住Alt键的同时在皮肤较好的地方取样，取样后使用鼠标在人物黑眼圈与斑点处涂抹，将黑眼圈去除，使人物眼部更有神采，如图3-10所示。

图3-10 修复照片斑点的效果

提示 “修复画笔工具”与仿制图章一样，是用来修复图像中的缺陷，并能使修复的结果自然地融入修复的目标区域，同时能保留被复制图像的纹理、亮度和层次等属性，如图3-11所示。

如图3-12所示。

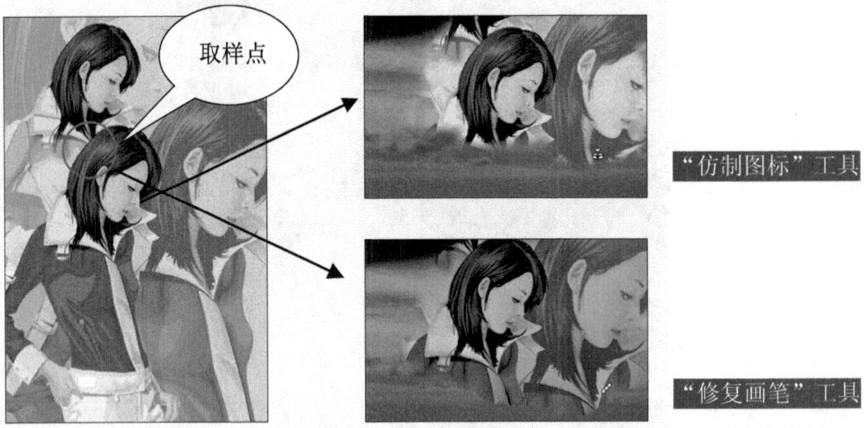

图3-11　不同工具复制图像的效果对比

3.2.4　模糊局部图像

打开一张照片，选择工具箱中的"模糊工具"，在选项栏中设置参数值，在需要模糊的区域拖动鼠标进行涂抹，如果觉得效果不够理想，可以继续涂抹，直到想要的效果为止，具体操作如图3-12所示。

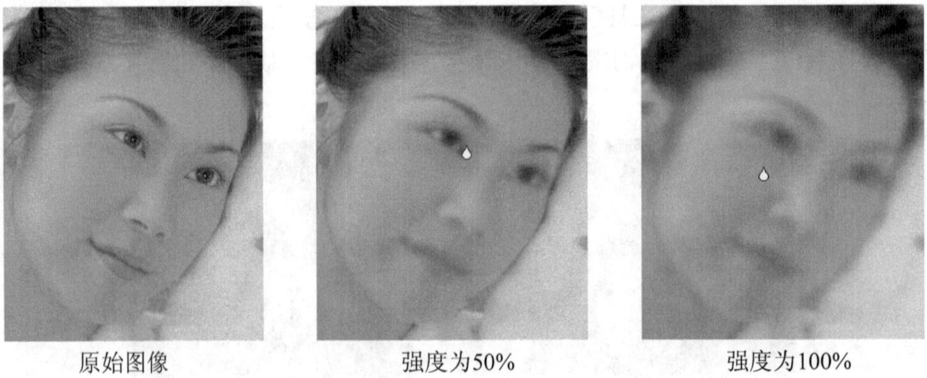

图3-12　模糊图像

> 提示　"模糊工具"既可以对图像的边缘进行模糊处理，也可以对图像的某个局部或整个画布进行模糊处理。设置"模糊工具"的强度参数时，值越大，模糊的效果便越明显。若勾选"对所有图层取样"，则在不合并图层的前提下可对所有图层中的对象进行模糊处理。

3.3 抠取商品的六大法宝

3.3.1 快速抠取单色背景的图像

打开一张背景色彩相对单一的商品照片，选择工具箱中的“魔棒工具”，在其选项栏中设置“容差”为20，使用鼠标在背景上单击即可选中与单击位置色彩相似的图像，接着继续使用该工具进行操作，就能选中除了商品之外的其他图像，再进行反向选取，即可将商品抠选出来，如图3-13所示。

图3-13 单色背景抠取效果

提示

“魔棒工具”是选取图像中颜色相同或相似的区域。

“容差”的范围是0～255之间的整数，设置时，值越大，选取范围越广。

勾选“连续”时，是一次性只能选取图像中连续的相同或相似颜色，不勾选时只能选取图像中不连续的相同或相似颜色。

勾选“对所有图层取样”时，可在不合并图层的前提下选取所有图层中颜色相同或相似的区域，不勾选时只能选取当前图层中颜色相同或相似的区域。

3.3.2 规则对象的抠取

用“多边形套索工具”是创建有一定规则的选区，对选择区的精度要求较高，优势是选取的选区理论上可以做到十分精确。使用“多边形套索工具”时，按住鼠标左键并拖动，最终形成闭合曲线，如图3-14所示。

图3-14　规则对象抠取效果

3.3.3　抠取轮廓清晰的图像

打开下图中帽子商品的照片，选择工具箱中的“磁性套索工具”，在其选项栏中设置“边对比度”为95，“频率”为90，即可将帽子抠选出来，然后与图中的宝宝合并图层，效果如图3-15所示。

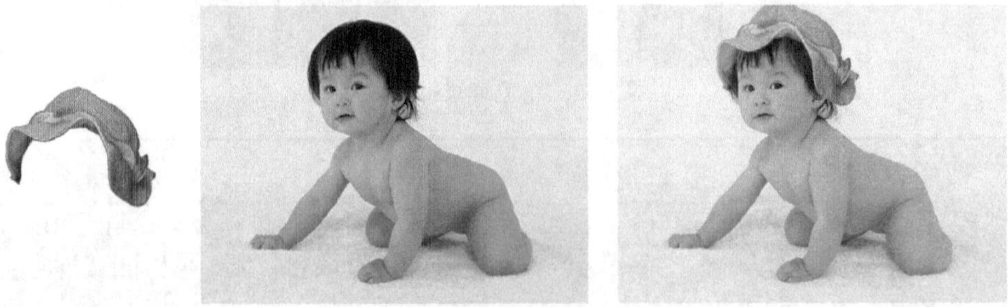

图3-15　轮廓清晰图像抠取效果

> 提示　“磁性套索工具”是用来选取某些特定的不规则区域，对选择区的精度要求较高，它能较准确地捕捉到图像中颜色对比度比较大的两种颜色之间的临界位置。
>
> 属性栏参数设置中“宽度”的取值范围是1～256像素之间的整数；“边对比度”的取值范围是1～100%之间的整数，数值越大表示越灵活；“频率”的取值范围是0～100之间的整数，表示在单位长度内生成选取节点的数量。

3.3.5　抠取精细图像

打开鞋子的照片，选择工具箱中的“钢笔工具”，沿着鞋子边缘连续单击鼠标，创建锚点，绘制鞋子的路径，完成后按下快捷键“Ctrl+Enter”转换为选区，按下快捷键

"Ctrl+J"复制图层并隐藏背景图层，可以看到鞋子已被抠取出来，如图3-16所示。

图3-16 精细图像抠取效果

> **提示** 使用"钢笔工具"时，按住Alt键单击节点可以删除一侧控制手柄，且可以调整手柄一侧的控制线。绘制时按住Ctrl键可切换到直接选择工具。"路径选择工具"是对路径进行整体移动。"直接选择工具"是对节点进行选择。"编辑转换锚点工具"是将节点变尖点或变圆角。

3.3.6 抠取半透明图像

打开半透明玻璃杯的照片，打开通道面板，选择与背景反差较大的通道进行复制，用快捷键"Ctrl+L"打开色阶进行色调反差调整，按住Ctrl键单击通道缩略图可以取出高光选区。用同样的方法也可以抠出暗部，再用照片滤镜对图像的整体色调进行调整，这样玻璃杯就被抠取出来了，效果如图3-17所示。

图3-17 单透明图像抠取效果

通过图片认识“通道”面板，【通道】面板及其面板菜单如图3-18所示。

①将通道作为选区载入。

②将选区存储为通道。

③创建新通道。

④删除当前通道。

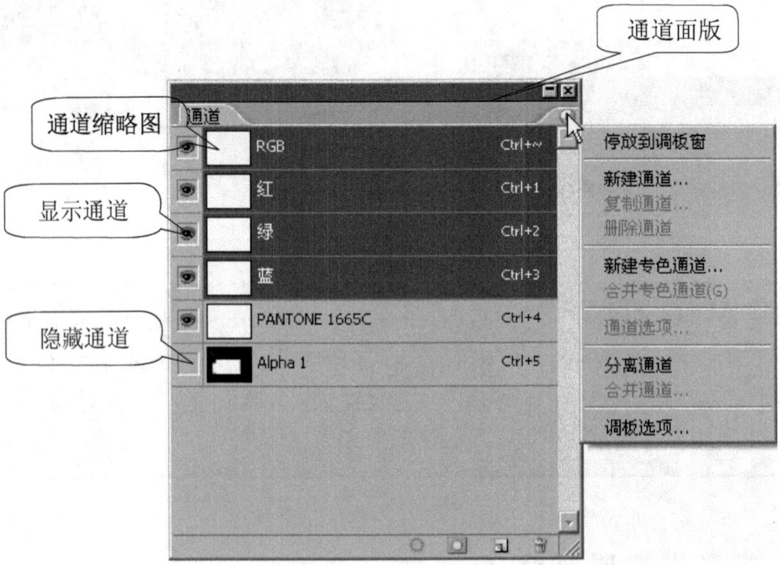

图3-18　通道面板

3.4 宝贝调色的六大秘诀

3.4.1 有针对性的色彩处理——色相/饱和度

【色相/饱和度】命令

“色相/饱和度”主要用来调整图像像素的色相、饱和度和明暗度，或通过给像素定义新的色相/饱和度来更改灰度图像的颜色，如图3-19所示。

图3-19 色相饱和度调整后效果

执行“图像”|“调整”|“色相/饱和度”命令，或按快捷键“Ctrl+U” 可打开“色相/饱和度”对话框，如图3-20所示。

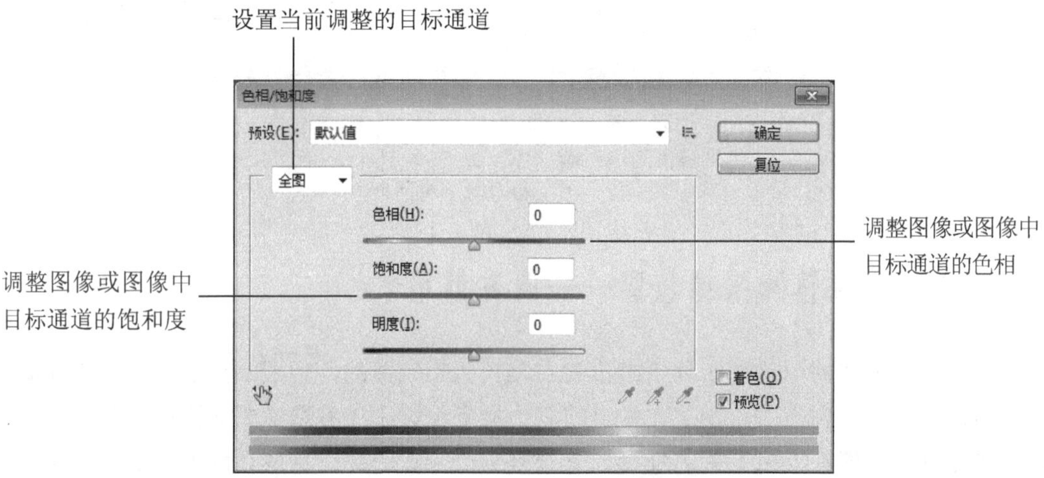

图3-20 “色相/饱和度”对话框

3.4.2 调整色彩的高、中、低调——色彩平衡

【色彩平衡】命令

“色彩平衡命令”主要用来对图像进行一般性的色彩校正，如图3-21所示。

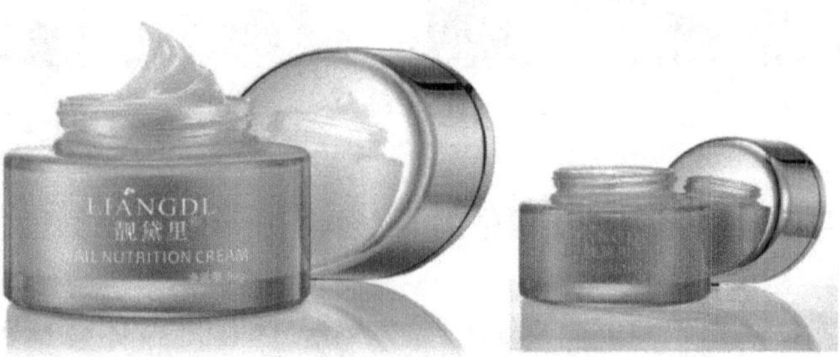

图3-21 色彩平衡调整后效果

执行“图像”|“调整”|“色彩平衡”命令或按快捷键“Ctrl＋B”可打开“色彩平衡”对话框，如图3-22所示。

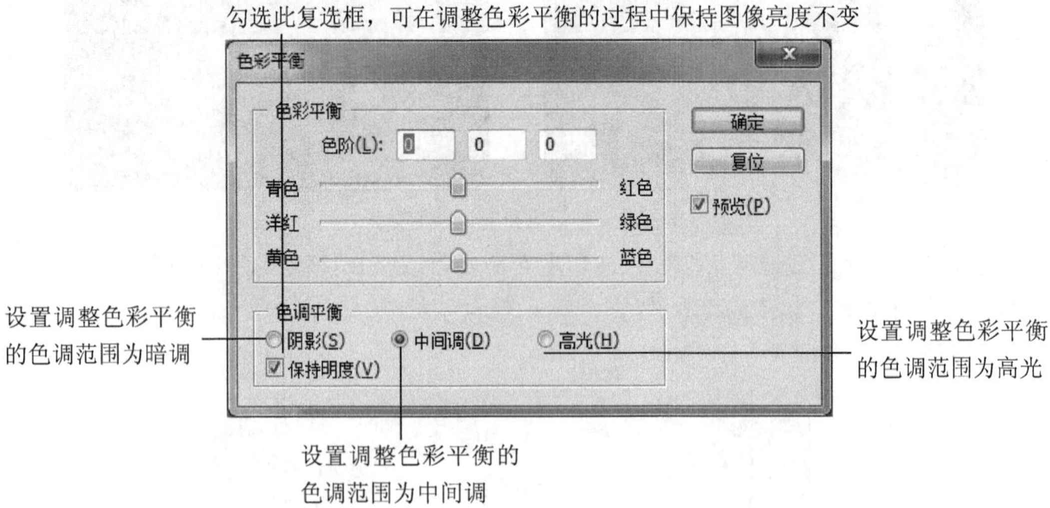

图3-22 “色彩平衡”对话框

3.4.3 模拟特殊图像色彩——照片滤镜

打开服装模特的图片，图片中模特的衣服颜色是偏黄的，但服装的实际颜色不是暖色调。用执行“照片滤镜”命令，在弹出的对话框中设置选项参数，将画面中人物的服装颜色调成冷色调，消除了由于黄色灯光导致衣服颜色偏黄的色差问题，还原了服装本来的色彩，如图3-23所示。

图3-23 照片滤镜调整后的效果

“照片滤镜”主要用来针对图像中的某个颜色通道或某种颜色，进行饱和度等属性的调整。

执行“图像”|“调整”|“照片滤镜”命令可打开“照片滤镜”对话框，如图3-24所示。

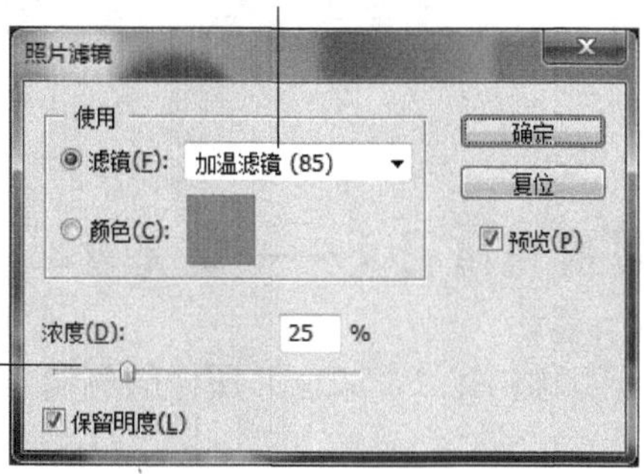

图3-24　“照片滤镜”对话框

3.4.4　局部色调的变换——可选颜色

“可选颜色”主要用来校正与平衡图像中的颜色，主要是针对RGB、CMYK、黑色、白色和灰色等颜色组成的图像进行颜色校正与平衡操作，如图3-25所示。

执行命令“图像”|“调整”|“可选颜色”打开“可选颜色”的对话框，如图3-26所示。

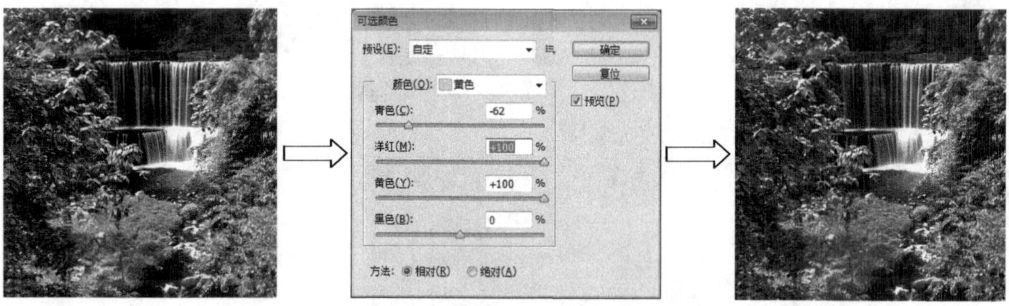

图3-25　可选颜色调整后的效果

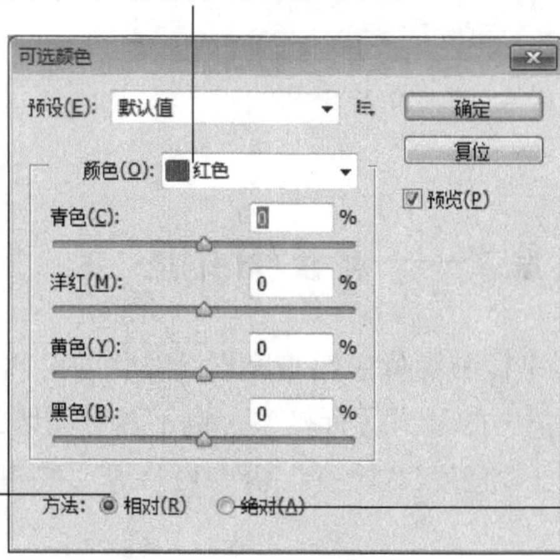

图3-26　“可选颜色”对话框

3.5 照片影调的五大秘密武器

3.5.1 对光线的明暗修正——曝光度

“曝光度”是为了调整HDR（32位）图像的色调，但它也可用于8位和16位图像，如图3-27所示。

执行“图像”|“调整”|“曝光度”命令可打开“曝光度”的对话框，如图3-28所示。

图3-27 曝光度调整后的效果

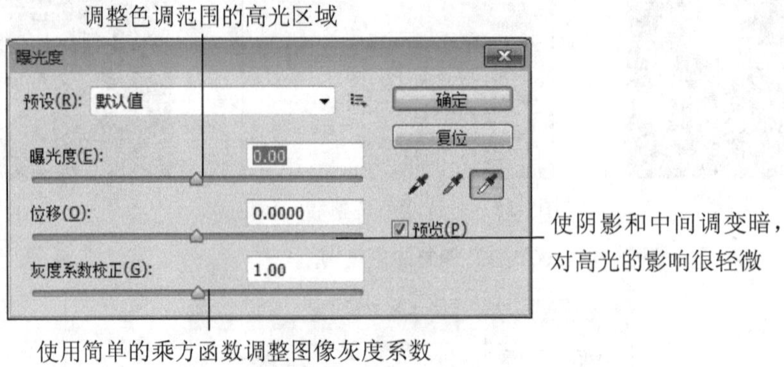

图3-28 “曝光度”对话框

3.5.2 图像明暗的层次——亮度/对比度

“亮度/对比度”主要用来调整图像的明暗度以及颜色的对比度，如图3-29所示。

使用范围：无法对某个单一的通道进行操作，也不能对图像的细微之处进行调整。

执行“图像”|“调整”|“亮度/对比度”命令可打开“亮度/对比度”对话框，如图3-30所示。

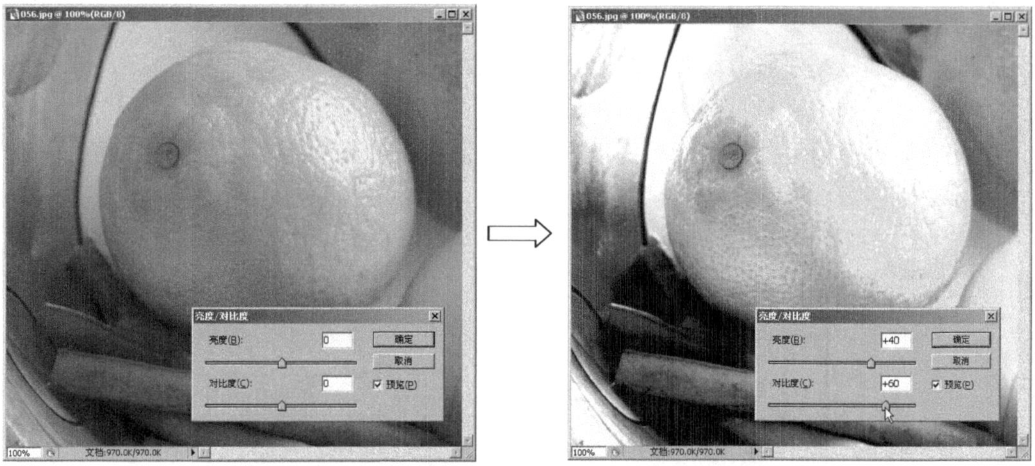

图3-29 亮度/对比度调整后效果

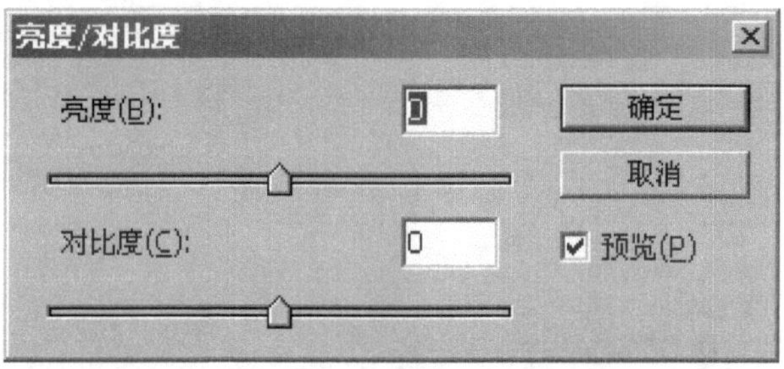

图3-30 “亮度/对比度”对话框

3.5.3 局部明暗处理——色阶

“色阶”对图像对比度进行多种形式调整，并可以结合通道制作复杂选择区，如图3-31所示。

图3-31 色阶调整后的效果

执行“图像”|“调整”|“色阶”命令可打开“色阶”对话框，如图3-32所示。

左侧黑色滑块：用来调整图像暗部对比度，向右移动时，图像变深，对比度变强。

右侧白色滑块：用来调整图像亮部对比度，向左移动时，图像变浅，对比度变弱。

同时向中间调整左右滑块时，对比度会明显加强。

灰色滑块：用来调整对比度，向左调亮，向右变暗。

输出色阶两个滑块的作用，黑是设置最暗的像素；白是设置最亮的像素。同时向中间调整滑块，则图像暗淡无层次。

黑、白、灰场的设置，黑场是加强图像暗部色调；白场是加强图像亮部色调；灰场主要用来校正图像的偏色。

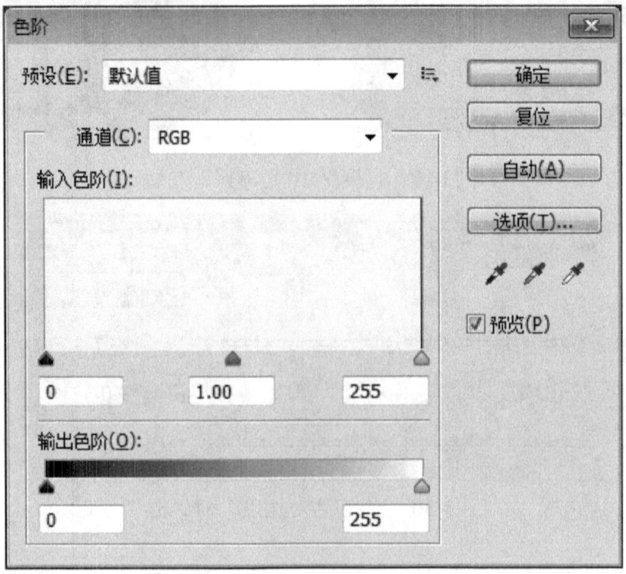

图3-32　“色阶”对话框

3.5.4　自由处理各区域的明暗——曲线

“曲线”是用来调整图像的高光、暗调和中间调，如图3-33所示。

图3-33　曲线调整后的效果

执行“图像”|“调整”|“曲线”命令可打开“曲线”对话框，如图3-34所示。

横轴：代表输入色调（原图颜色）。

纵轴：代表输出色调（调整后的颜色）。

> **提示** 按住Alt键在曲线面板网格上单击，可切换网格疏密，将“取消”变为“复位”可重置参数。
>
> 单击“自动”将使用“自动颜色”“自动对比度”或“自动色阶”对图像进行自动色彩处理。具体使用哪项命令取决于“选项”的设置。

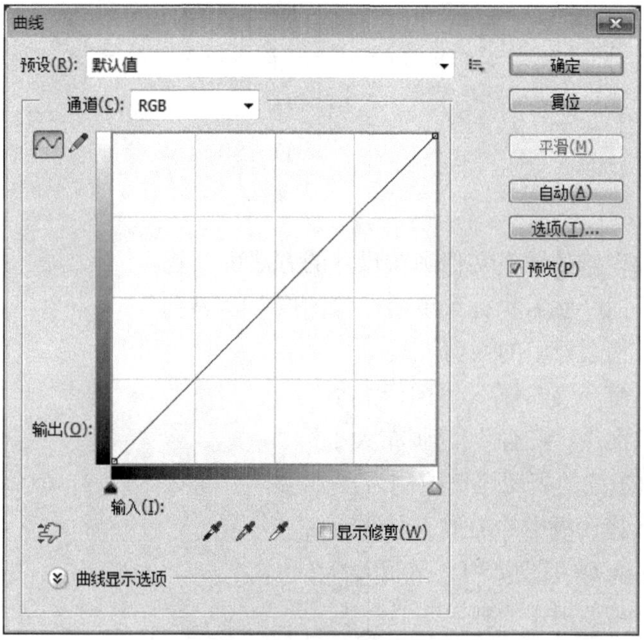

图3-34 “曲线”对话框

本章总结

通过本章的学习，学习者应能够熟练地运用Photoshop精确地抠取商品的图片，对商品图片的瑕疵可以熟练修复，对商品图片的色调可以有针对性的进行调整。比如调整图像的高光、暗调、局部色阶的精细调整，使商品图片可以比较完美的展示在店铺中。

本章中常用的功能命令与快捷键如下所述。

调色命令：色阶“Ctrl+L”、曲线“Ctrl+M”、色相饱和度“Ctrl+U”、色彩平衡“Ctrl+B”。

练习与实践

【单选题】

1. 在Photoshop中，创建新图像文件的快捷键是（　　）？

A. Ctrl＋Shift+D　　B. Ctrl＋H

C. Ctrl＋D　　D. Ctrl＋N

2. 创建基于Web应用的新文件时，图像文件的分辨率一般是（　　）像素/英寸。

A. 300　　B. 72

C. 960　　D. 100

【多选题】

1. 在Photoshop中修改图像文件画布尺寸的方法可以是（　　）。

A. 给定选择区，然后执行菜单命令“图像”|“裁剪”

B. 使用工具箱调板中的裁剪工具

C. 使用菜单命令“图像”|“图像大小”

D. 使用菜单命令“图像”|“画布大小”

2. 若需将当前图像的视图比例控制为100%显示，那么可以（　　）。

A. 双击工具箱调板中的缩放工具

B. 执行菜单命令“图像”|“画布大小”

C. 双击工具箱调板中的抓手工具

D. 执行菜单命令“图像”|“图像大小”

【判断题】

1. 打开已有文件的快捷键是“Ctrl+C”。（　　）

A. 对　　B. 错

2. 在Photoshop中，打开色相/饱和度的快捷键是“Ctrl+U”。（　　）

A. 对　　B. 错

3. 在对图像进行色调调整时，具体使用哪个命令调色，可以根据图像的特点自由选择调色工具。（　　）

A. 对　　B. 错

实训任务

商品图片处理	
项目背景介绍	将网店拍摄的商品图片进行细节、多角度处理
设计任务概述	1. 商品图片的精细抠取 2. 商品图片色调调整 3. 商品图片影调细节修饰 4. 为商品添加文字和其他装饰性素材
设计参考图	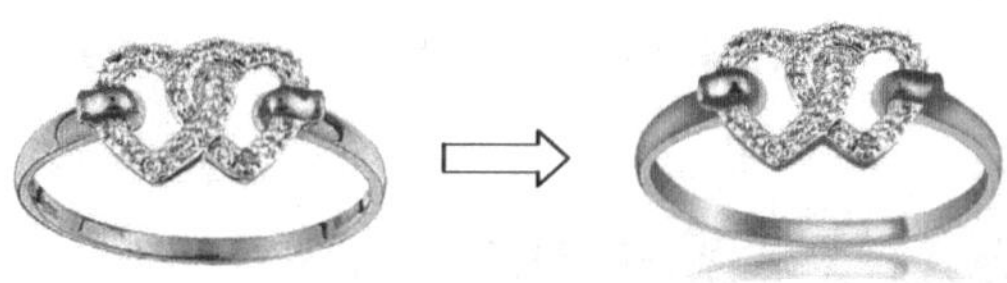
实训记录	
教师考评	评语： 辅导教师签字：____________

第4章

打造过目不忘的店招与导航

本章导读

- 店招，顾名思义就是网店的店铺招牌。从网店商品的品牌推广来看，想要在整个网店中让店招变得便于记忆，就要让店招的设计具备新颖、易于传播、便于记忆等特点。
- 设计成功的店招主要是要有标准的颜色和字体、清洁的设计版面。此外，店招中需要有一句能够吸引消费者的广告语，画面还需要具备强烈的视觉冲击力，清晰的告诉买家店中在卖什么，通过店招也可以对店铺的装修风格进行定位。

效果欣赏

学习目标

- 了解店招与导航的作用。
- 掌握店招与导航的设计尺寸。
- 分析店招与导航所包含的信息。
- 店招与导航的设计逻辑分析。

技能要点

- 店招与导航标准尺寸的设定。
- 设计店招与导航所包含的完整信息。

实训任务

- 优秀店铺店招的分析。
- 独立设计符合店铺的店招与导航。

4.1 店招的设计分析

店招和导航位于网店的最顶端，设计成功的店招主要是有标准的颜色和字体、清洁的设计版面。此外，店招中需要有一句能够吸引消费者的广告语，画面还需要具备强烈的视觉冲击力，清晰的告诉买家店中在卖什么，通过店招也可以对店铺的装修风格进行定位，如图4-1所示。

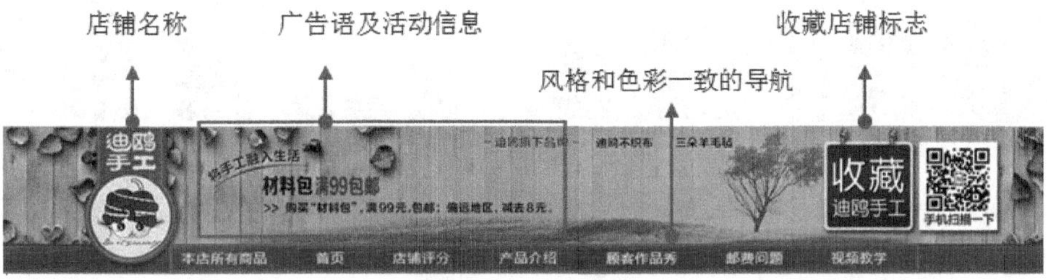

图4-1 店招模块图

为了让店招有特点且便于记忆，在设计的过程中都会采用简短醒目的广告语辅助LOGO的表现，通过适当的配图来增强店铺的认知度。店招所包含的主要内容包括店铺的名称、品牌名称、店铺LOGO、简短的广告语和广告商品等。

在大部分的店招设计中，往往会将店铺的名称进行重点展示，而省略其他元素。这样设计的效果能在浏览的过程中对店铺的名称有更加直观的了解，树立出店铺的形象。

4.1.1 店招设计尺寸和格式

店招，顾名思义就是网店的店铺招牌。从网店商品的品牌推广来看，想要在整个网店中让店招变得便于记忆，店招的设计就要具备新颖、易于传播、便于记忆等特点。

在店招的设计上，以淘宝网为例，店招的设计尺寸应该控制在950×120像素内，且格式为JPEG或GIF，其中GIF格式就是通常所见的带有flash效果的动态店招，如图4-2所示。

图4-2 店招示例

4.1.2 店招的作用

网店店招的表现形式和作用与实体店铺是有一定区别的，实体店铺的店招作用往往体现在拉客上，因为实体店铺的店招是直接面对大街的，而网店店招的作用主要是体现在留客的环节。网店的店招并不直接面对网络的搜索页面，只有顾客进入了店铺之后才看得到店招。因此，在设计网店的店招时就要更多地从留客的角度去考虑。

如图4-3所示，可以清楚地看到店铺的名称和广告语，能从中了解到一定的店铺风格。

图4-3 店招功能展示

店招好比一个店铺的脸面，同实体店的店招一样，对店铺的发展起着较为重要的作用。网店的店招位于网络店铺最顶端的位置，其主要的作用有以下三点。

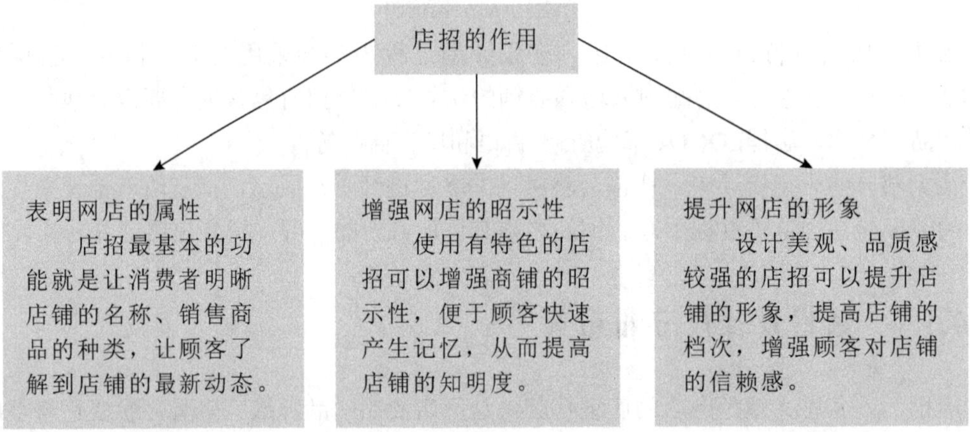

4.1.3 店招包含的信息

为了让店招有特点且便于记忆，在设计的过程中都会采用简短醒目的广告语辅助Logo的表现，通过适当的配图来增强店铺的认知度，店招包含的主要内容如图4-4和图4-5所示。

在店铺内容的设计中，并不是要将以上所有的内容都包含其中，如果店家只是想突出店铺中销售商品的品牌，可以将品牌的名称在店招中进行较大比例的编排，如图4-4所示的眼镜店铺的店招。由于该店铺中包含了多种品牌的商品，因此在店招的设计中将品牌的名称省略掉，而将店铺的名称、LOGO和广告语进行大幅度的展示。

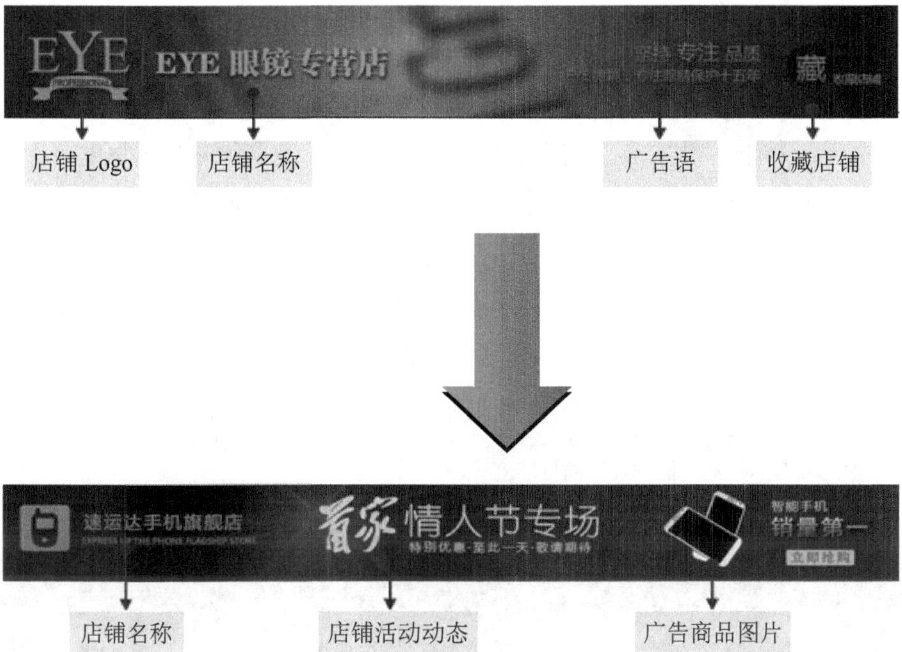

图4-4　店招包含的信息1

图4-5　店招包含的信息2

4.2　店招的设计逻辑

一个好看的网店设计是依靠很多素材和信息完美组合而成的，一个网络店铺的首页主要包含四大部分，依次为店招、欢迎模块、产品区、店尾。为什么网店的店招很重要，就要先从消费者购物逻辑来分析。

首先要清晰地明白，顾客为什么要来到店铺的首页？对于店铺的老客户而言，是直接通过店铺收藏进入店铺的，而对于新客户而言，进入店铺首页的目的主要有三个，具体如图4-6所示。

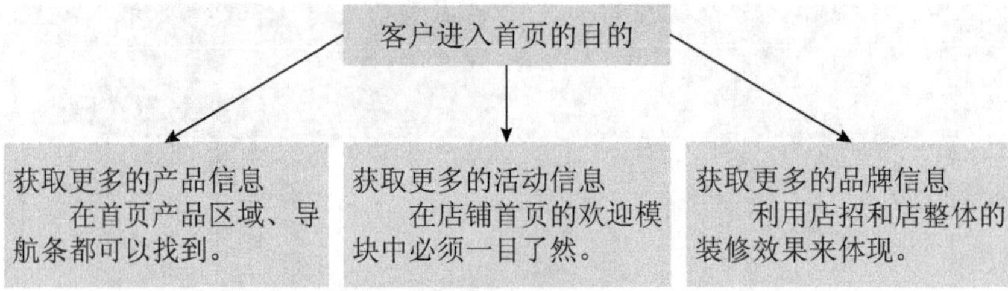

图4-6　新客户进入首页的目的

经营网络店铺的商家尤其要有成本意识，节约消费者了解店铺的成本，节约店铺向消费者介绍的成本。此时，店招的设计最需要体现的内容如图4-7所示。

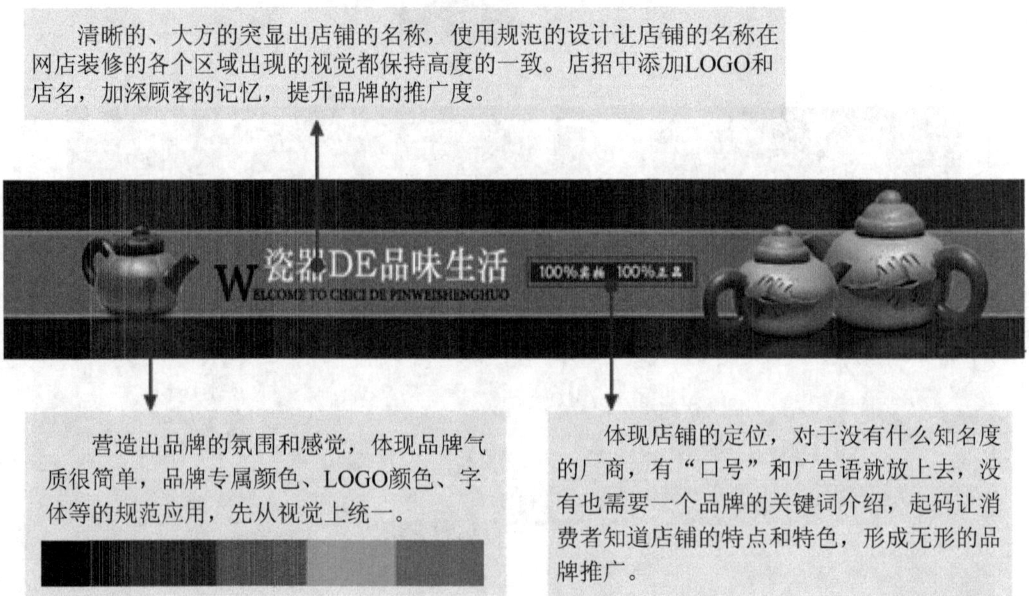

图4-7　店招示例

4.3　导航条的设计分析

4.3.1　导航条的作用

导航条是网店首页中不可缺少的部分，它是指通过一定的技术手段，为店铺的顾客提供一定的途径，使其可以方便地访问到所需的商品。导航条是浏览网店时可以从一个页面转到另一个页面的快速通道，利用导航条可以快速找到想要浏览的商品或信息。

4.3.2　导航条的设计尺寸

在设计网店导航的过程中，对导航的尺寸有一定的限制。例如，淘宝网规定导航的尺寸为950像素的宽度，30像素的高度，如图4-8所示。图中可以看到这个尺寸能够设计的空间非常有限。除了可以对颜色和文字内容进行设计之外，很难进行更深层次的创作。随着网页编辑软件的逐渐普及，很多设计师都开始对网店首页的导航倾注更多的心血，希望通过对首页整体进行切片来扩展首页的装修效果。

尺寸为：950×30像素

图4-8　导航示例

4.3.3　导航条的设计逻辑

在设计网店首页导航条的时候，要考虑到导航条的色彩和字体的风格，应当从整个首页装修的风格出发，定义导航条的色彩和字体，毕竟导航条的尺寸较小，使用太突兀的色彩会形成喧宾夺主的效果。鉴于导航条的位置都是固定在店招下方的，因此只要力求和谐和统一，就能够创作出满意的效果，与整个网店的风格一致。

4.3.4　电器导航条的设计详解

使用桔红色底和白字进行色彩搭配，突出导航内容的同时让整个画面的色彩得到统一。为了提升设计感和质感，还应用投影效果及竖线条来增强导航的层次感，如图4-9所示。

图4-9　电器导航示例

4.3.5　精致风格导航条设计详解

精致风格的导航条设计效果如图4-10所示。

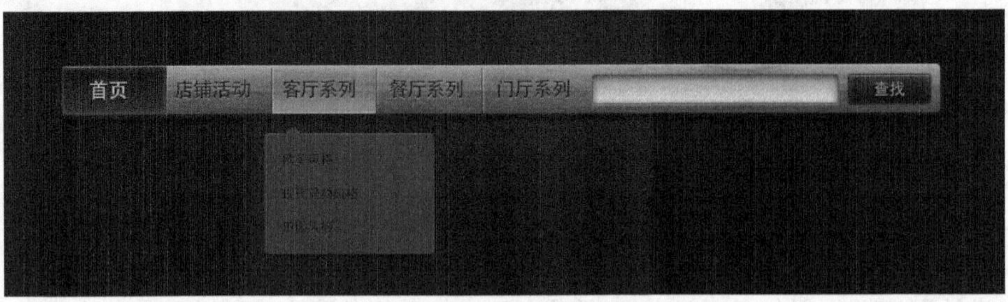

图4-10　精致风格导航示例

设计鉴赏

分析1：导航条上添加木纹纹理装饰，使导航条具有一定的材质感和真实感，在视觉上更加细腻，给人以丰富多彩的质感感受，形成具有一定程度的冲击效果。

分析2：为深褐色的导航条添加木纹后，在导航条上添加亮部，通过明暗对比使导航更加丰富和真实。划分成5个区域后，在适当的区域加上暗色或者亮色使导航条富有变化且有着划分功能的作用，在实际运行中作用十分明显。

分析3：在导航栏末尾处添加搜索栏，在实际运行中能达到方便客户准确、快速查找到内容的目的，搜索栏结合图层样式制作成凹进去的样式，在视觉上加深了导航条的立体感。

版式分析

本案例中的导航条分为两个部分，其中从左至右共五分之三的范围内，以水平排列的方式进行划分，将文字合理分布在导航条上，以一种常规的方式进行排列。导航条的右侧划分出一定的区域设计搜索栏，增加导航条的实用功能和版式的独特性，如图4-11所示。

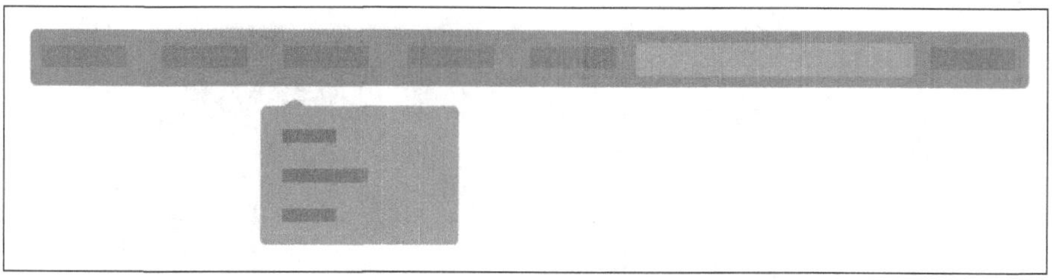

图4-11 导航条版式

4.4 店招与导航条的综合设计

4.4.1 潮流女装网店店招导航设计详解

本案例是为某潮流女装网店所设计的店招和导航，设计中参照了模特照片的色彩进行配色，如图4-12所示。

图4-12 女装店招效果

设计理念

本案例在色彩搭配上使用怀旧色彩打造出复古时尚的感觉，整个画面以橡皮红和熟褐色为主，给人以怀旧的情感，搭配饱和度较低的图像，使得整个画面的色彩和谐而统一。店招的背景添加了细小的条纹，增添了画质的精致感，画面文字上添加细小的投影效果，突出质感的同时给人以华丽、高贵的感觉。

工具使用

- 使用“渐变叠加”样式对绘制的形状进行修饰，使其层次更加丰富。

- 利用“投影”样式来修饰添加的文字，提升文字的表现力。
- 使用“图层蒙版”将两张照片合成到一起，形成自然的过渡效果。

操作步骤

step 1 新建文档，将所需要的素材添加到窗口，对照片进行编辑设置，如图4-13所示。

图4-13 店招素材

step 2 绘制店招的背景，如图4-14所示。

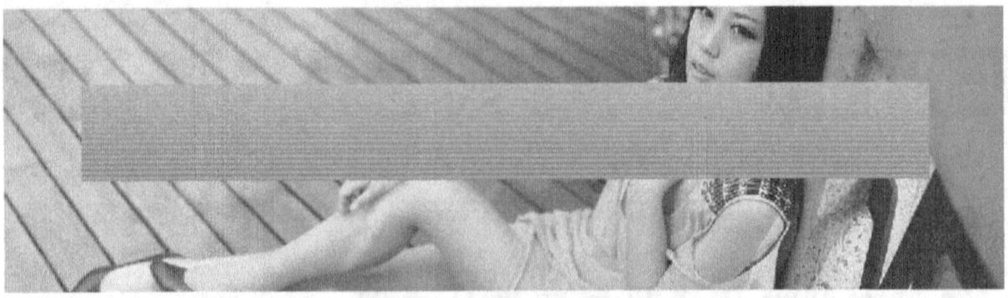

图4-14 店招背景制作

step 3 使用“横排文字工具”添加文字，并对文字添加“投影”样式，如图4-15所示。

图4-15 店招文字编辑

step 4 添加素材，然后添加蒙版并进行编辑，如图4-16所示。

图4-16 添加店招素材

step 5 添加文字，如图4-17所示。

图4-17 店招文字添加

step 6 绘制导航条，并添加所需文字，如图4-18所示。

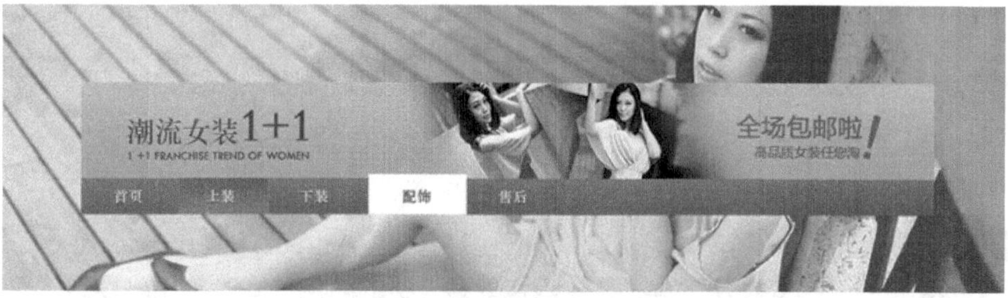

图4-18 女装店招效果

4.4.2 萌系女包网店店招导航设计详解

设计要求

以女式箱包店铺为例，为其设计店招和导航，效果如图4-19所示。

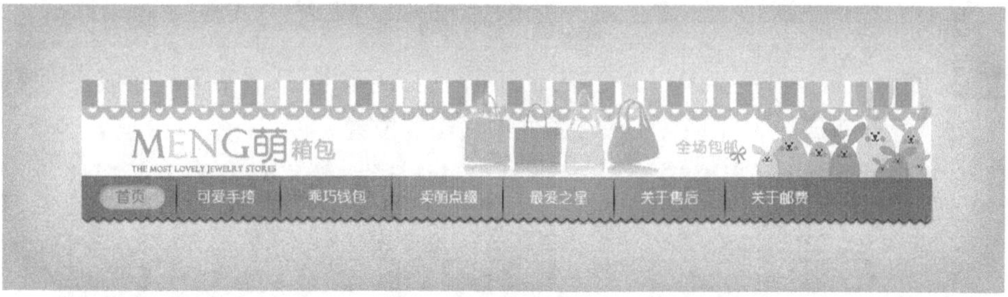

图4-19 女包店招效果

操作步骤

step 1 在Photoshop中新建一个文档，使用“矩形工具”和“钢笔工具”绘制出店招和导航的背景形状，并使用“渐变叠加”和“投影”样式对其进行修饰，如图4-20所示。

图4-20 绘制店招和导航背景

step 2 使用“圆角矩形工具”绘制出按下状态的按钮形状，并添加“内阴影”样式增强层次感，接着为导航添加文字，再结合图层蒙版制作出文字之间的间隔线条，如图4-21所示。

图4-21 绘制按钮形状

step 3 为画面添加所需的素材，适当调整素材的大小和位置，通过图层蒙版控制素材的显示范围，使用“渐变叠加”样式改变箱包剪影素材的颜色，同时制作出投影效果，如图4-22所示。

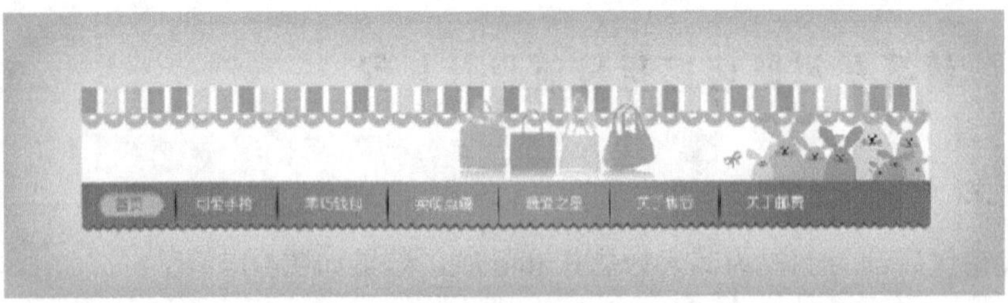

图4-22 添加素材

step 4 使用“横排文字工具”为店招添加所需的文字，打开“字符”面板，调整文字的颜色、字体、字号等属性，并将文字放在画面中适当的位置。

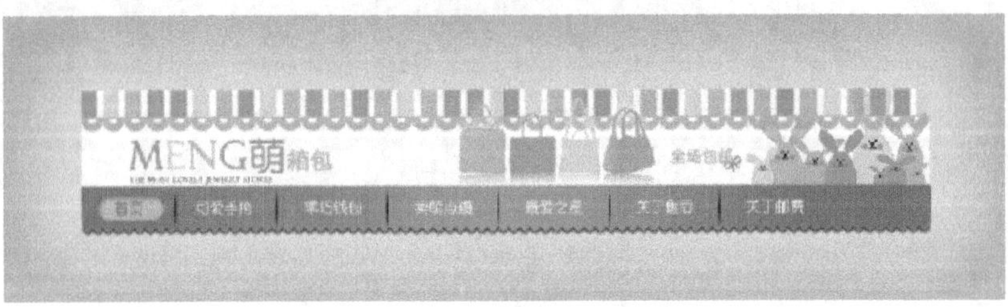

图4-23 添加文字

本章总结

通过对本章的学习，学习者应能够了解店招的作用，掌握如何设计店招以及了解店招所包含的信息；熟悉网店店招的设计逻辑及导航条的设计；根据店铺风格，可以熟练地运用Photoshop制作符合店铺的完美店招。

练习与实践

【单选题】

1. 在网店中，店铺店招的尺寸设置是（　　）。

A. 950×150px　　B. 950×120px

C. 950×30px　　D. 1920×150px

2. 创建基于Web应用的新文件时，图像文件的分辨率一般是（　　）像素/英寸。

A. 300　　B. 72

C. 960　　D. 100

【多选题】

1. 网店店招可以包含以下哪几项（　　）。

A. 店铺名　　B. 店铺logo

C. 收藏按钮　　D. 优惠券

2. 网店店招的作用有（　　）。

A. 可以带来订单

B. 起到店铺品牌宣传的作用

C. 可以展示店铺促销方式，比如满减包邮

D. 可以展示联系方式

【判断题】

1. 淘宝店招是淘宝店铺给人的第一印象，好的店招不仅能吸引用户的眼球，带来订单，同时能起到品牌宣传的作用。（　　）

A. 对　　B. 错

2. 店铺招牌是可以在线编辑的，不可以自己上传。（　　）

A. 对　　B. 错

3. 淘宝店招就是淘宝店铺最上方的那块长条形的区域，标准尺寸是950×150px。（　　）

A. 对　　B. 错

实训任务

店铺店招制作	
项目背景介绍	笔袋店铺店招与导航的制作
设计任务概述	1. 根据店铺风格确定店招与导航的设计思路 2. 店招与导航图标的制作 3. 优惠券等促销图标的添加 4. 添加文字和其他装饰性素材
设计参考图	
实训记录	
教师考评	评语： 辅导教师签字：__________

第5章

加深顾客第一印象——首页海报设计

本章导读

- 网店的首页海报是对店铺最新商品、促销活动等信息进行展示的区域，位于店铺导航条的下方，其设计的面积比店招和导航条都要大，是顾客进入店铺首页中观察到的最醒目的区域。
- 一张大气漂亮的海报会吸引客人去看看首推的商品，不但首页需要海报，商品描述页面也需要放一张主推的商品海报，这样才会起到推广的作用。海报能让店铺显得更专业，增加客人购买的信心。海报做得好，更能激起客人的购买欲。本章将对首页海报的设计规范和技巧进行讲解。

效果欣赏

学习目标

- 了解海报的作用。
- 掌握店铺海报常见尺寸。
- 分析海报的构成要素。
- 掌握海报配色原理。
- 了解海报字体的重要性。

技能要点

- 规范设计店铺海报。
- 海报版式设计。
- 海报配色及文字编排。

实训任务

- 海报设计素材收集。
- 规范制作店铺海报。

5.1 店铺海报的作用及设计规范

海报设计是视觉传达的表现形式之一，通过版面的构成在第一时间内将人们的目光吸引，并获得瞬间的刺激，海报的设计要具有良好的创意。大家都知道海报是一种图片式的宣传，这就要求对于图片和画面的设计要有一定的创意，给大家一种耳目一新的感受，只有这样的海报才能够引起大家的注意，而且富于创意的海报设计也能够提高海报的档次，更易于人们接受海报宣传的内容。

5.1.1 店铺海报常见尺寸

想必大家都十分清楚淘宝店铺装修的重要性，淘宝店铺装修跟实体店铺装修是一样的，体现着一家店铺的形象、气质、档次。在店铺装修时经常需要海报来起装饰作用，一个淘宝店中不同页面用到的海报尺寸是不同的，但都各有标准规范。

淘宝店铺装修一般有两种尺寸可供选择，一种是950像素，另一种则是750像素。750像素宽度的海报形式主要是放在商品详情的描述中，用于做主推商品的关联营销。950像素的海报，一般是用于首页展示。

（1）全屏海报尺寸：长为1920像素，宽为400~600像素，如图5-1所示。

图5-1　首页全屏海报

（2）通栏海报在天猫中的尺寸：长为990像素，宽为400~600像素。通栏海报在淘宝中的尺寸：长为950像素，宽为400~600像素，如图5-2所示。

图5-2　首页通栏海报

（3）轮播海报分4种。一是全屏的，一般设置为常用电脑的最大宽1920像素，这个一般用于首页导航下，高可以完全自定义。二是宽为950像素的满幅，和店招一样宽。三是宽为750像素，就是当左右分栏时右侧的轮播。四是宽为190像素，就是左右分栏时左侧轮播。

5.1.2 海报的作用

1. 推广宝贝

进入店铺的客人大多数是单独进入商品的页面，从商品页面再去首页的大概会有10%~30%左右，所以首页有一张大气漂亮的海报容易吸引客人去看首推的商品。此时，不但首页需要海报，商品描述页面也需要放一张主推的商品海报，这样才会起到推广的作用。

2. 美化店铺

一张漂亮的海报能让店铺显得更专业，增加客人购买的信心。海报做得好，更能激起顾客的购买欲，如图5-3所示。

图5-3 首页海报示例

3. 海报的具体作用

（1）利用海报，引发顾客需求的共鸣。

（2）利用色调或文案，引发顾客产生购物冲动。

（3）借助卖点，凸显出商品的优势，打消顾客的疑虑。

5.2 海报的构成要素

5.2.1 海报文案

海报文案包括标题、正文、口号、商品或活动名、广告的名称和通讯信息等方面。

在广告创作过程中，一般都是“文案先行”。在整个广告策划过程中，所有的诉求、表达重点以及表达效果等都是通过文字来设定和表述的，如图5-4所示。

图5-4　海报文案示例

5.2.2 海报图片

海报图片也叫做插图，是海报设计最重要的图形要素，对于加速信息的传播起着非常重要的作用。

海报图片包括表现广告创意的特定画面、商品图片、各种象征图形元素、品牌、企业标志、专用字体等，如图5-5所示。

图5-5　海报图片示例

5.2.3　海报色彩

运用色彩的表现力可以创造出不俗的视觉效果，起着感染情绪、增强视觉冲击力、说服力和感染力的作用，如图5-6所示。

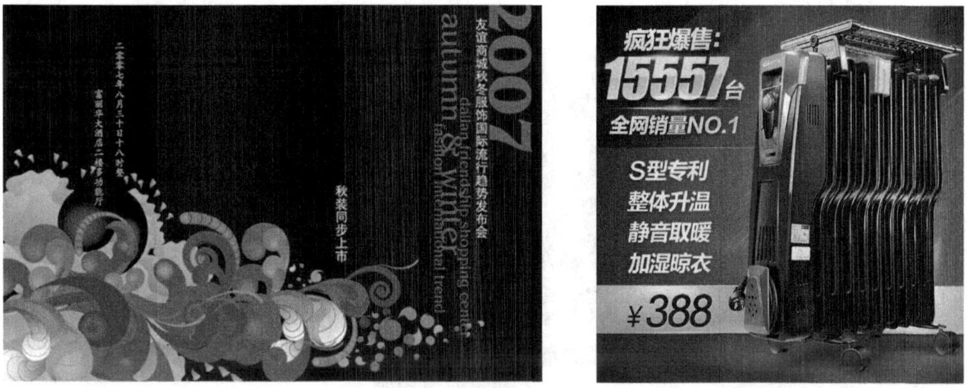

图5-6　海报色彩示例

5.2.4　海报版式

版式设计是海报的形象和美观的整体体现，如果版面设计得杂乱无章，不会引起人们的观赏兴趣。同样，如果一张海报版面毫无特色，一样不会激发人们的阅读兴趣。一张成功的海报设计离不开海报版面的设计和编排，如图5-7所示。

图5-7　海报版式示例

5.3　海报配色指南

配色就是以产品主色调为基色，再寻找与基色相协调的颜色，让整体画风与商品和品牌风格相一致。

5.3.1 常规配色比例

在海报设计当中，通常以商品主色调为基色来对海报进行配色。主色调在整张海报配色比例中占70%左右，然后根据主色调的颜色加入20%左右的辅助色，最后用5%左右的点缀色来突出海报的重点，如图5-8所示。

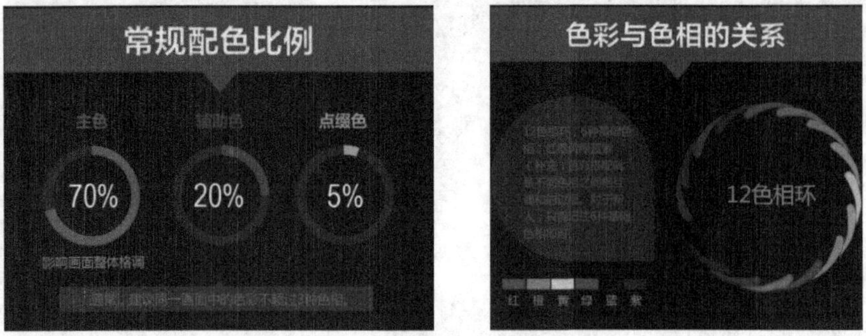

图5-8 海报配色比例

5.3.2 配色原理

1. 相邻色搭配

在色轮中挨着比较近的就是邻近色，根据红橙黄绿蓝紫这六字顺序，相邻色搭配就是红+橙、橙+黄、 黄+绿、绿+蓝……以此类推。

相邻色因为比较邻近，有很强的关联性，非常协调柔和，画面非常和谐统一，可以制造出一种柔和温馨的感觉。因为在色轮中位置较近，所以这种搭配的视觉冲击力较弱，如图5-9、图5-10和图5-11所示。

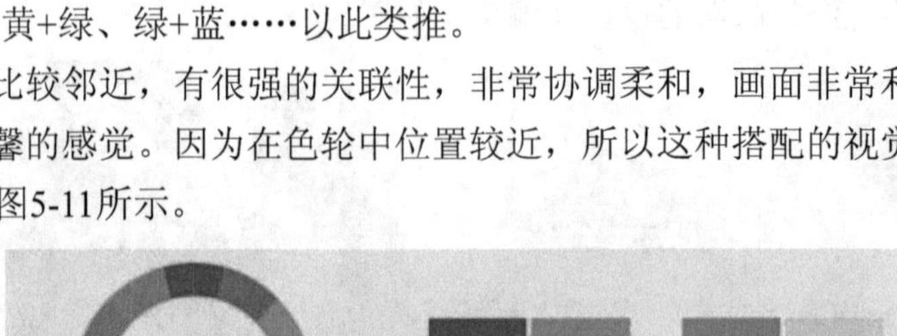

图5-9 相邻色搭配

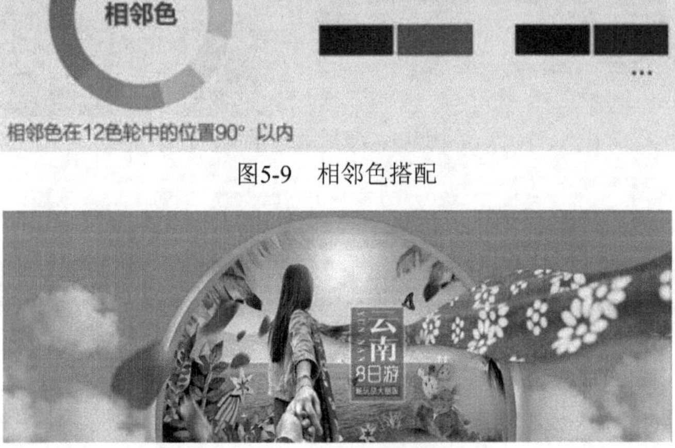

图5-10 相邻色搭配示例1

图5-11　相邻色搭配示例2

2. 间隔色搭配

根据红橙黄绿蓝紫这六字顺序，隔一个色搭配就是红+黄、橙+绿、黄+蓝、绿+紫、蓝+红。因为这种搭配方式中间都隔了一个颜色，因此称为间隔色。

间隔色与相邻色相比较，二色之间在色轮上相隔远一些，因此间隔色的视觉冲击力会强于相邻色。间隔色使用非常广泛，它既没有180互补色的冲击力那么刺激，又比相邻色多了一些明快、活泼、对比鲜明的感觉。特别是红黄蓝三原色之间的相互搭配，应用非常广泛，也非常流行，如图5-12和图5-13所示。

图5-12　间隔色搭配

图5-13　间隔色搭配示例

3. 互补色搭配

在色轮中相隔180的2个颜色为互补色，是色彩搭配中对比最为强烈的颜色，没有之一。根据红橙黄绿蓝紫这六字顺序，互补色就是中间间隔2个颜色，红+绿、橙+蓝、黄+

紫……，以此类推。

互补色搭配可以表现出一种力量，气势与活力，不仅有非常强烈的视觉冲击力，而且是非常现代时尚的搭配。互补色虽然能表现出活力与气势，但控制得不好往往会产生不协调、不含蓄、不安定的效果，如图5-14和图5-15所示。

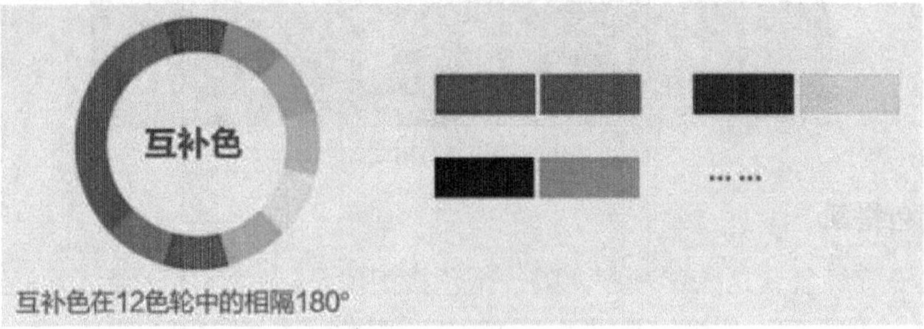

图5-14　互补色搭配

图5-15　互补色搭配示例

5.4　海报版式设计

海报版式设计就是将图片、图形、文字及色彩要素组合为有机的统一整体，以表达一则广告的完整信息。

编排的任务是通过对全部视觉元素的安排来表达情绪和性格，以达到增加平面广告的吸引力，促进信息有效传达的作用。

5.4.1　海报常见版式

1. 左文右图版式

左边文字字体上粗下细，上大下小，架构主次分明，通过文字大小与粗细的对比来突显促销文案，如图5-16所示。

图5-16　左文右图示例

2. 左图右文版式

右边文字字体上粗下细，上大下小，主标题及价格部分凸显稳重，如图5-17所示。

图5-17　左图右文示例

3. 两边图中间文字版式

两边图中间文字的版式利用近景与远景照片产生呼应（多见模特照片），突显产品的款式与特点，如图5-18所示。

图5-18　两边图中间文字示例

4. 文字加半透明底框版式

背景为风景图的文案下方加上半透明底框，避免文字模糊与混乱，突出强调文案，如图5-19所示。

图5-19　背景为风景图示例

5. 展示产品版式

展示多种产品的版式可以让产品平行排版，中间利用半透明的框展现文案，这种版式主要用于店铺不同款式的促销，如图5-20所示。

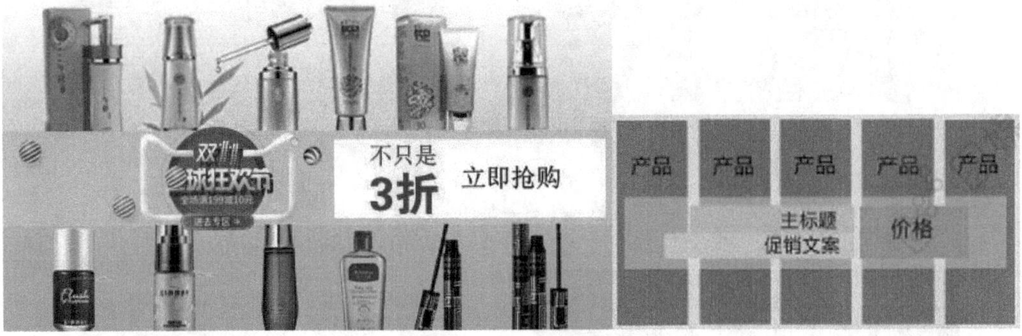

图5-20 展示多种产品

6. 斜切式版式

斜切式构图的方案倾斜角度不超过30°，文字往右上方倾斜便于阅读，可以从不同角度展示产品，如图5-21所示。

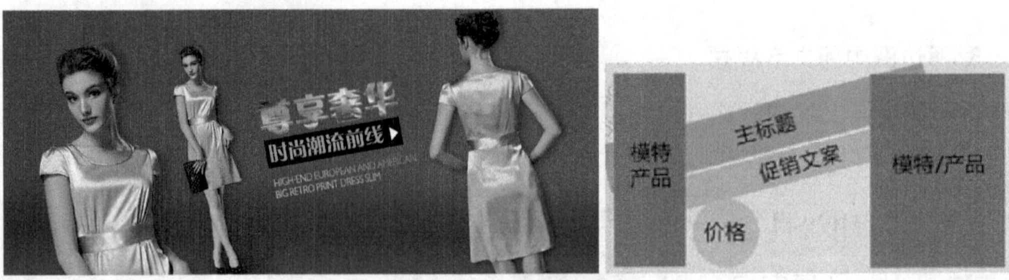

图5-21 斜切式构图示例

5.5 海报字体设计

5.5.1 海报字体的重要性

字体就是文字风格样式，字体也是文化载体，是社会的缩影，不同字体给人的感觉也不同。文字根据内容来选择字体，通过字体充分表达内容所想传递的信息，如图5-22和图5-23所示。

传统字体：楷体、行书、隶书、魏碑、仿宋。

过渡字体：宋体（标宋、中宋、大宋、超宋）。

现代字体：黑体及等线体（超黑、中黑、中等线、细等线）。

图5-22　黑体强烈

图5-23　宋体细致

宋体给人的感觉是客观、雅致。

大标宋给人的感觉是古风犹存，传达一次古香古色的视觉效果。

黑体给人时尚、厚重、抢眼的感觉，多用于标志制作，有强调的效果。

常用的中文字体如图5-24所示。

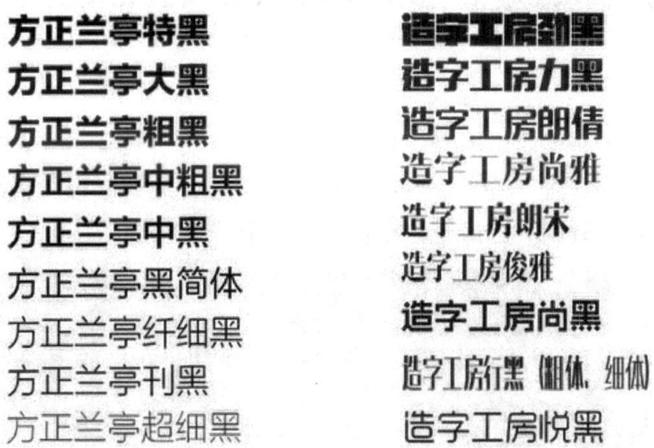

图5-24　字体示例

5.5.2　海报字体使用技巧

海报字体的使用技巧如下所述。

（1）标题可以使用笔画粗的字体，如方正兰亭粗黑、大黑等。

（2）标题也可以使用艺术字体，如造字工房系列、方正谭黑、蒙纳超纲黑等。

（3）标题还可以使用笔画细的字体，如方正兰亭黑简体、方正中黑等。

（4）正文一般可以使用笔画细的字体，如方正兰亭细黑、悦黑特细等。

1. 男性商品

男性商品要给人一种硬朗、粗犷、力量、稳重、大气的视觉感受。

男性商品一般选用笔画粗的黑体字或者有棱角之类的字体，设计时字体的大小、粗细要搭配好，要有主有次，主标题字体颜色设计突显，如图5-25所示。

图5-25　男鞋海报示例

2. 女性商品

女性商品要给人一种柔软、飘逸、俊俏、纤细、秀美、气质、时尚的视觉感受。

女性商品一般选用纤细、秀美、线条流畅类的字体，选择字形有粗细等细节变化的字体，字体颜色一般选择较明亮的颜色，如图5-26所示。

图5-26　女性用品海报示例

3. 促销型字体

促销型字体最好具备粗、大、显眼、倾斜、变形等特点。

一般笔画粗的字体有方正粗黑、方正谭黑、造字工房力黑、蒙纳超纲黑等，如图5-27所示。

5-27 促销型字体示例

4. 文艺、名族风

文艺、名族风的海报要给人纤细、优美、复古的视觉感受。

文艺、名族风一般选用笔画细的字体，如方正清刻本悦宋简体、方正启体简体等，字号比较小或毛笔字体常用于标题，而且常采用竖向排版，如图5-28所示。

图5-28 文艺型海报字体示例

5. 高端品

高端品的海报一般选择纤细、小巧的字体，给人优美、简约、干净利落的视觉感受。

高端品海报一般用笔画细的字体，字号也比较小，多搭配英文使用，给人更加时尚的感觉，如图5-29所示。

图5-29　高端商品海报字体示例

5.6　海报字体编排

5.6.1　文字编排——对齐

对齐式的文字编排形式给人一种稳重、力量、统一、工整的视觉感受，如图5-30所示。

图5-30　文字对齐编排示例

5.6.2 文字编排——对比

对比式的文字编排形式给人一种强烈的视觉对比感，如图5-31和图5-32所示。

对比式的文字编排要注意以下几个事项。

（1）要能一眼找出文案中最重点的语句，可运用粗细对比和大小对比，将重点加以强调和区分。

（2）字体的对比感要分明。

（3）只强调需要被人注意或是吸引人的部分。

图5-31 文字对比编排示例1

图5-32 文字对比编排示例2

5.6.3 文字编排——分组

分组式文字编排的方式可以将主要内容与次要内容进行明确的区分，并让海报内容更有层次感，如图5-33和图5-34所示。

图5-33　文字分组编排示例1

图5-34　文字分组编排示例2

5.6.4　文字编排——强调

强调文字是为了突显阅读的层次，增进文案的条理性。

文字强调的表现方式有变字体、变字体颜色、变字体大小、加线框、加底色、加符号等装饰性元素，如图5-35和图5-36所示。

图5-35　文字强调编排示例1

图5-36 文字强调编排示例2

5.6.5 文字编排——线框的约束与强调

文字编排中用线框把内容约束起来是为了使主体产生空间“场”的作用，同时也具有相对约束的功能，如图5-37、图5-38和图5-39所示。

图5-37 文字线框的约束与强调编排示例1

图5-38　文字线框的约束与强调编排示例2

图5-39　文字线框的约束与强调编排示例3

5.7　海报文案设计

有创意的海报文案设计可以激发顾客的消费欲望，树立顾客对店铺的信任感，打消顾客的消费疑虑，促使顾客下单。文案设计包括促销（活动）文案设计、口碑传播、从众效应等。这里主要讲解关于促销（活动）文案的设计，这种文案设计的主要目的是让购买欲望强烈的顾客迅速购买，让购买欲望不强烈的顾客也能够提起兴趣。

如果想通过文案的设计来提高转化率的话，首先要知道消费者有哪些购买动机，然后思考应该如何通过文案设计来激发这些动机。

5.7.1　求实惠的购买动机

家庭主妇和年纪比较大的人群在购买家庭日用品的时候，或者在购买一些实用性很强的商品的时候，会重点的关注这些商品的性价比，需要的是经济实惠，对于外观、文化等关注的并不是太多。消费者购买这些商品一般还有一个特点就是看中大众品牌。

针对这种购买动机，文案设计的侧重点应该是加量不加价、量大从优、优惠活动仅此一次……。如果是活动的设计，就得让消费者觉得现在购买是最实惠的，文案如果足够吸引人，即使现在没有内在需求，这种活动方案也会把消费者的购买动机激发出来，如图5-40所示。

图5-40　商品买2免1示例

买2免1的促销模式让消费者感觉超级实惠，比如很多家庭主妇家里虽然还有洗洁精、肥皂等，但还是会趁机囤积一批！

5.7.2　新奇个性购买动机

这类消费者一般以追求时尚的青年人为主，他们对潮流、新式、奇特的东西感兴趣，要的是与众不同，具体到商品的真正使用程度，对商品的价格等关注得并不是太多。这类消费者一般不会太喜欢销售了几千上万件的爆款，他们要的是标新立异，所以个性化的产品描述是关键！

对于这类商品最好是采用“全网独一无二、国内最新款式、彰显个性、只有XX件”等活动文案，这将会有很强的吸引力。“独家”“纪念版”“限量”三个关键词三次冲击人的眼球，让那些追求个性化、追求独一无二的消费者打开钱包的冲动迅速提升，如图5-41所示。

图5-41　商品的限量版示例

5.7.3　便利性购买动机

这类消费者在购买一些消费品的时候都会追求购买整个流程的便捷性，很注重实践观念，希望省时省力，希望能够尽可能简单、快速的完成交易过程。这部分顾客很希望能够在一家店购齐所有的商品，也就是能够实现所谓的一站式购物。他们怕麻烦，怕费时间、怕费精力。

针对这些消费者时，活动文案中尽可能的表达出他们的诉求，让他们觉得在这里购物简单、能够节省时间。有些活动文案中会写上“免费上门安装、极速发货、一对一客服指导组装”等一些宣传语，如图5-42所示。

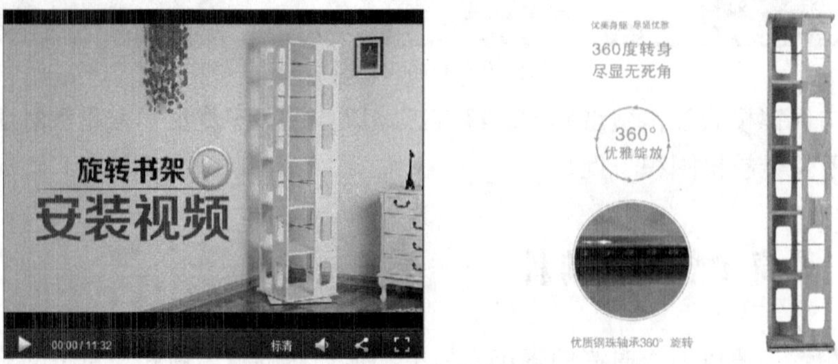

图5-42　商品的安装视频示例

一个安装视频再加上免费在线指导安装，给追求便利性的消费者提供了很强的信心。记得有次在装修房子的时候，从网上买了一个客厅的水晶灯。当时看中了一款，但是唯一让人担心的就是组装，因为有很多的小零件。与客服沟通的时候，客服说：“放心，只要是能够安装好的小部件都已经安装好了，回家打开包装后，只需要简单的几步就能操作完成！”最后爽快的完成了下单与支付！

5.7.4　求美购买动机

大多数女性追求美，他们都有浪漫情怀、关注精神生活、喜欢美化环境、关注色彩与造型等特点。一般对于这类人群的商品，场景代入式的图片设计、文案设计会更吸引人，让顾客有置身其中的感觉，如图5-43所示。

图5-43 商品的场景式图片示例

直接把用户带入到特定的场景当中，会让顾客有身处其中的感觉，容易引起他们的消费。

5.7.5 尊贵购买动机

这类消费者追求名牌，追求高档的商品，借以来显示自己的身份、地位，从而形成购买动机。这种人群主要集中在高收入阶层，他们对品质、身份地位、彰显尊贵、手工原创等元素很是关注。比如下面的文案设计，就很能打动这些人的内心。这种纯手工，古朴的感觉很能把这一类顾客的购买欲激发出来，如图5-44和图5-45所示。

图5-44 手工皮具示例1

图5-45 手工皮具示例2

5.7.6 从众购买动机

这种消费者在互联网上体现得非常明显，正是因为有了这部分消费者，淘宝卖家才会非常关注爆款。另外要注意，这种从众一般有两种，一种是崇拜性从众，经常性的文案或者描述语就是某明星同款，然后把同款的场合展现出来即可，在淘宝上，某明星同款，某场合同款，是比较受欢迎的广告宣传语，利用的就是一种从众心理，如图5-46所示。

图5-46 明星同款示例

另外一种从众就是刺激大众跟随，比如：全网热销多少件，连续三年全网销量第一，多少人的选择等，如图5-47示。

注意，这图是有一个小缺陷的，如果想利用消费者的从众心理，提高转化，月销3000件是一定要突出的，但文字设计得太小，不够醒目。

图5-47 全网热销示例

5.7.7 廉价购买动机

可以说廉价购买动机是网购能够发展起来的最直接原因，淘宝最开始就是淘便宜时代。这种求廉动机可以分成两类。

（1）相对意义上的标准化商品。

相对意义上的标准化商品是说消费者知道自己想买的东西到底是什么，并且也知道这种商品在线下的标准市场价格是多少，只是为了图便宜，希望能够用最少的钱买到确定的品种和确定的款式。这也是为什么京东、当当、唯品会之类的电子商务网站可以发展起来的主要原因，因为他们卖的东西确实比线下便宜。

在淘宝上，这类的需求主要体现在相对标精准化的关键词的搜索上，比如品牌的服饰、鞋子等会有大量的搜索关键词是货号。

对于这样的商品而言，价格是影响转化的最大因素，如果其他因素相差不大（信誉、美工、客服等），有店铺红包的商品转化率是一定要高于其他的，因为它的实际支付价格要小于其他款，所以转化要多一些。

（2）非标准化商品。

非标准化商品是消费者对商品的品质、花色、款式要求不高，只要商品的价格低、实用，就会去购买，他们就是简单的图便宜。他们会购买降价的、处理的、天天特价的、一元秒杀等活动的商品。这类消费者在淘宝上很多，这也是为什么每年网店大促销的时候，都可以创造非常高的业绩！

5.7.8 好奇购买动机

好奇购买动机就是利用消费者的好奇心。每个人都会有好奇心，有时候在这种好奇心的作用下，消费者也会产生购买行为。

曾经在淘宝上有一个奇葩的店铺非常火，当时搞了一个活动，分成以下几步。

第一步，大幅海报，“老板娘跑了，万念俱灰，店铺不干了，狂甩！！”，然后通过QQ群传播这个奇葩的店铺，很多人就进去了，当然也有很多人消费了！

第二步，大幅海报，“老板娘原来去进货了，又回来了，进来了很多新货，开心打折！！”，继续通过QQ群通知传播，效果再爆。

第三步，大幅海报，“哭！这回老板娘是真的跑了！”……

5.7.9 习惯型的购买动机

具有习惯型购买动机的消费者，购买的商品都是相对标准的重复性消费品，比如狗粮、奶粉、大米等等。对于这样的消费者而言，一旦熟悉了某个店铺，熟悉了某个品牌，下次购买的时候，就会变成一种自然而然的习惯。对于这类商品，给大家提供一个非常有效果的运营建议，那就是提醒消费者购买。

举个简单的例子，比如你是卖婴儿奶粉的店家。大家都知道，小孩子一般吃惯了某一个品牌的奶粉后，不会随便更改的。当然，这个方法建立的前提是小孩子吃得习惯你家的奶粉。店里的客服一定要跟每一个顾客进行深入地沟通，所以建议销售母婴用品的店铺最好用全职妈妈做兼职客服，因为有共同语言。

跟顾客深入沟通的时候，要详细了解小孩子的基本情况，基本就是是男孩还是女孩？孩子多大了？是全奶粉喂养还是半母乳半奶粉喂养？这样基本可以判断能销售的奶粉数量，小孩子可以吃多久！如果预估购买的奶粉可以吃一个月，那么在到期前的一个星期，客服就可以通过旺旺、电话等与顾客进行沟通，提醒顾客该买奶粉了！

其实，消费者的购买动机是千奇百怪的，这里给大家列举的只是最常见的一些购买动机。大家还是应该根据自己店铺的实际情况，根据自己商品类目的实际情况，制定最有效的能够从外部因素刺激消费者购买的促销手段！

另外，一些口碑传播的效应也可以成为一种外部刺激。大家还记不记得去年的时候，微信朋友圈有个特别火的“任性的麻辣小龙虾客服”！很任性的回复，很有特点的沟通风格，在朋友圈风靡，这种口碑效应会让很多人会去淘宝上搜索这个小龙虾品牌，然后购买和体验一下客服的语言风格！

本章总结

本章主要讲解了首页海报设计的作用与重要性，通过本章的学习，学习者了解了海报的构成要素、海报配色技巧、常用店铺海报版式设计类型以及字体设计等。通过设计首页海报，可以增强消费者的购买欲望，提升店铺的成交量。

练习与实践

【单选题】

1. 网店首页全屏海报尺寸是（　　）像素？

A. 1920×(400-600)　　B. 990×400

C. 950×400　　D. 990×600

2. 关于海报字体编排方法，以下说法错误的是（　　）。

A. 对齐　　B. 对比　　C. 统一　　D. 分组

【多选题】

1. 网店首页海报的作用（　　）。

A. 利用海报，引发买家需求共鸣

B. 利用色调或文案，产生购物冲动

C. 使店铺更加美化

D. 借助卖点，凸显出产品的优势，打消买家疑虑

2. 首页海报的配色方式有哪些（　　）？

A. 相邻色搭配　　B. 统一配色

C. 间隔色搭配　　D. 互补色搭配

3. 海报的构成要素（　　）。

A. 文案　　B. 产品图片

C. 色彩　　D. 版式设计

【判断题】

1. 在Photoshop中，打开色相饱和度的快捷键是“Ctrl+U”。（　　）

A. 对　　　　B. 错

2. 在对图像进行色调调整时，具体使用哪个命令调色，可以根据图像的特点自由选择调色工具。（　　）

A. 对　　　　B. 错

实训任务

首页海报设计	
项目背景介绍	为店铺设计春季新款童装首页海报
设计任务概述	1. 商品图片的精细抠取与调色 2. 商品图片的细节修饰、添加文字和其他装饰性素材 3. 海报配色与方案编写 4. 海报版式设计
设计参考图	
实训记录	
教师考评	评语： 辅导教师签字：________

第6章

赢得回头客——店铺收藏与客服区制作

本章导读

- 收藏区主要显示在网店装修的首页位置，在很多网商平台的固定区域，都会用统一的按钮或者图标对店铺收藏进行提醒。“收藏店铺”可以在淘宝店的首页设置置顶效果，这样可以提升店铺的人气，增加顾客的回头率，店家往往还会在店铺的其他位置设置和添加收藏的区域。
- 收藏区是网店设计装修中的重要部分，它的添加可以提醒顾客收藏店铺，以便下次来访问，这是增加顾客回头率的一种设计。本章节将对收藏区的设计进行系统的讲解。

效果欣赏

学习目标

- 收藏区与客服区的设计分析。
- 客服区的设计原则。
- 收藏区添加大量优惠券信息与详解。
- 将收藏与侧边栏进行结合。
- 将收藏与欢迎模块进行结合。

技能要点

- 收藏区的设计要点。
- 根据店铺风格设计独特的收藏区。
- 使用淘宝装修助手制作在线客服。

实训任务

- 设计以店庆为主题的收藏区。
- 设计卡通风格的收藏区。
- 设计客服区。

6.1 收藏区的设计分析

店铺收藏就是顾客将感兴趣的店铺添加到收藏夹中，以便在下次访问时可以轻松找到相应的商品。在同类店铺中，店铺收藏数量较高的店铺，曝光量往往要比其他同行要高，要火热得多。店铺收藏的设计较为灵活，它可以直接设计在网店的店招中，也可以单独的显示在首页的某个区域。网店装修中，收藏区可以设置在网店首页或者详情页面的多个位置。例如，可将收藏店铺设计到店招和网店首页底部，但是“店铺收藏”不是一味的胡乱添加，它的设计也是有讲究的，是要与周围的设计元素相互融合，且风格一致，在不影响整体视觉的情况下添加。

6.1.1 收藏区的设计要点

店铺收藏通常由简单的文字和广告语组成，一般情况下设计的内容较为单一，而有的商家为了吸引顾客的注意，也会将一些商品图片、素材图片等添加到其中，达到推销商品和提高收藏量的双重目的。单独设计的收藏区不仅可以在其中添加商品的照片，还可以添加店铺的很多优惠信息，如图6-1和图6-2所示。

JPEG格式，同时添加上收藏链接，单击即可完成店铺收藏操作。

图6-1 收藏区示例1

图6-2 收藏区示例2

6.1.2 收藏区的设计分析

通常情况下，店铺收藏的设计会使用JPEG这种静态的图片来表现。除此之外，还可以使用GIF格式的图片，使用帧动画制作的动态图片可以使其更容易引起顾客的注意，提高网店的收藏数量，如图6-3所示。

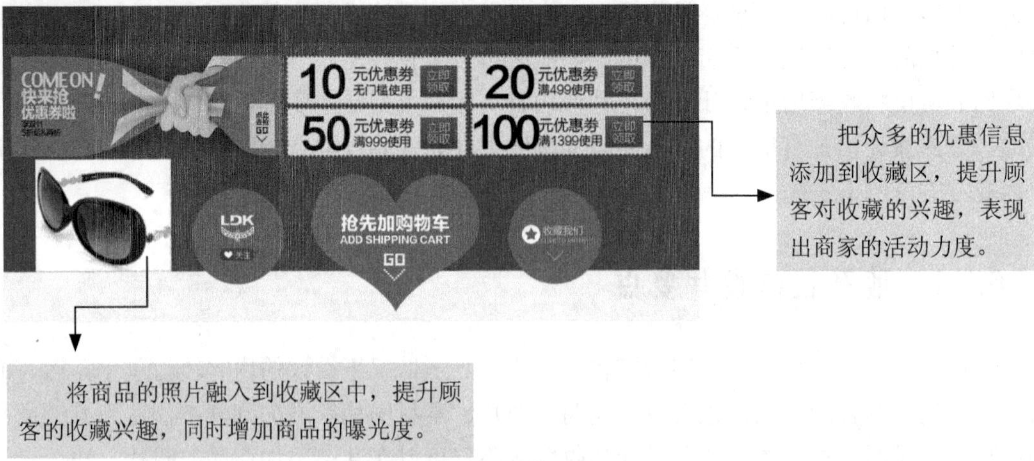

图6-3 收藏区设计分析示例

6.2 收藏区的案例分析

6.2.1 以店庆为主题的收藏区设计与详解

本案例将店庆与收藏区结合起来设计，通过暖色调营造出浓浓的欢乐、喜庆气氛，让顾客在浏览店铺页面的时候，能及时看到收藏的提示信息，这样能够大幅提升顾客的回头率，其具体的创作如图6-4所示。

图6-4 收藏区设计效果

1. 设计鉴赏

分析1：使用红色和橘色进行搭配，利用暖色调制造出画面色彩的协调感。明度高、纯度高的暖色调具有引起心理亢奋的作用，能够刺激消费者的情绪，产生积极、欢快的感觉，有助于表现出店庆的喜庆氛围，如图6-5所示。

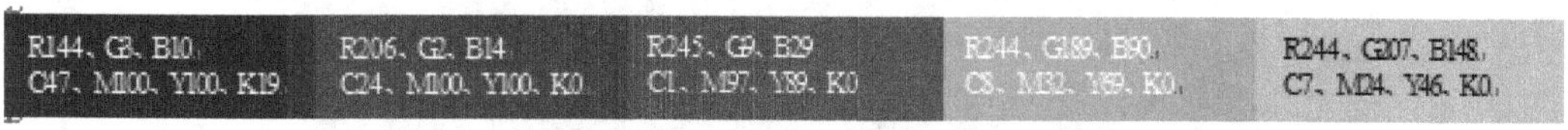

图6-5 收藏区配色图

分析2：在设计本案例的过程中，使用圆形的光斑和白色的星光作为修饰，让画面呈现出一种闪耀、夺目的感觉，丰富画面的表现，达到引燃顾客激情的效果。

分析3：为标题文字制作出渐隐的投影效果，使得文字更加立体，并且更显精致。

分析4：文字字体、大小和位置的合理设置让画面显得更加协调、美观，能够使信息得到有效地传达。

2. 版式分析

使用两个大小不同的弧形将画面分为三个不同的区域，从上到下依次放置“收藏本店”“标题”和“品牌信息”，利用色彩之间的差异让中间部分的标题内容更加突出。通过将文本居中排列，显示出一种均衡、对称的稳定感，而大小不同的文字设置能有效地划分画面，并且突显主次关系，如图6-6所示。

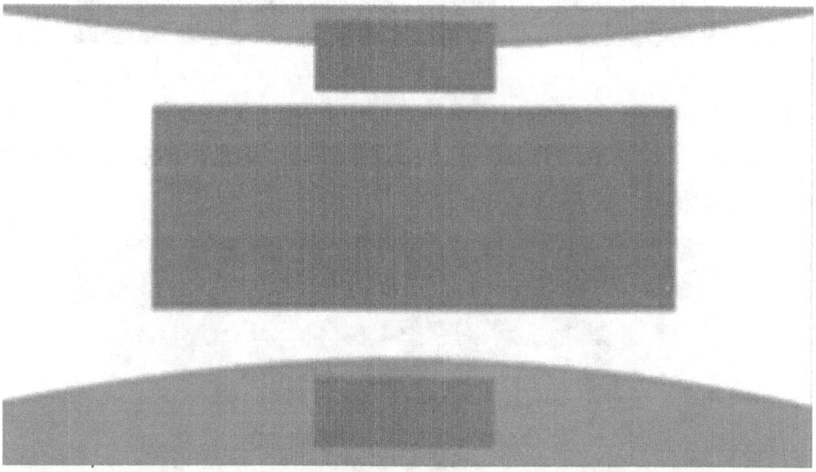

图6-6 版式布局

3. 制作步骤

STEP1 在Photoshop中创建一个文档，使用“渐变填充”工具将画面填充径向渐变效果，接着绘制出弧形的形状，通过“渐变叠加”图层样式对下面弧形的色彩进行调整，为上面的弧形应用“描边”图层样式，制作出画面背景，如图6-7所示。

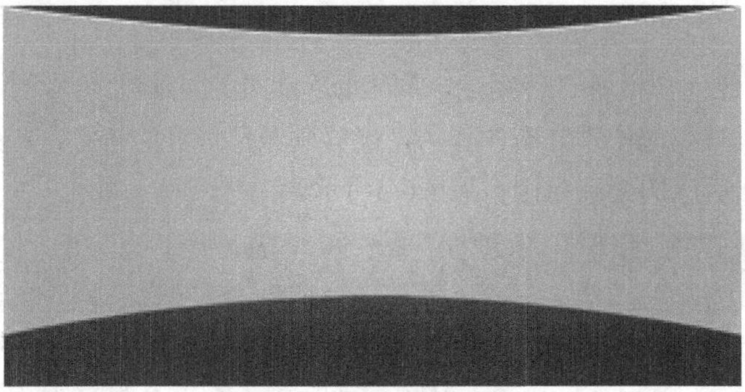

图6-7　绘制画面背景

STEP2 添加所需的文字，使用“渐变叠加”和“投影”样式对标题文字进行修饰，接着复制编辑好的标题文字，翻转文字后为其添加图层蒙版，使用“渐变工具”编辑蒙版，为标题文字制作出逼真的投影效果，如图6-8所示。

图6-8　添加主题文字

STEP3 使用“矩形工具”绘制出所需的矩形，利用“横排文字工具”添加文字，接着绘制出红包，将绘制好的红包进行复制，放在矩形的两侧，形成对称效果，辅助文字的表现，最后调整编辑对象的位置，如图6-9所示。

图6-9　添加小标题文字

STEP4 使用“横排文字工具”添加多组文字信息，得到多个文本图层，在“字符”面板对文字的字体、字号、颜色等信息进行设置，并按照一定的顺序进行排列，接着使用“矩形工具”绘制出所需的形状，对文字进行修饰，如图6-10所示。

图6-10 制作详尽的说明信息

STEP5 使用“椭圆工具”绘制出圆形，填充上适当的颜色，接着降低图层的不透明度，复制编辑的图层，调整圆形的大小和位置，制作出光斑效果，使用光斑对画面上下两个区域进行修饰，最后绘制出星光修饰主题的文字，如图6-11所示。

图6-11 使用光斑和星光修饰

6.2.2 收藏区添加大量优惠券信息案例详解

对欢迎板块的设计有一定了解之后，接下来通过实际的案例来对欢迎板块中的设计思路进行讲解，利用不同内容和风格的欢迎板块案例让读者深刻地体会该部分在淘宝装修中的重要性，如图6-12所示。

图6-12 收藏区效果图

1. 设计鉴赏

分析1：使用蓝色将画面营造出一种双色调的效果，蓝色是冷色的代表，也具有理智和权威性的象征，这样的配色与手表的形象更加贴合，如图6-13所示。

分析2：使用笔画宽度和风格迥异的字体来突显画面中不同类别的信息，让画面中文字的主次关系更加清晰。

分析3：画面的背景使用蓝色的荧光，表现出一定的空间感，也让画面的质感和内容更加丰富，突显出黑暗环境下商品的材质，显得和谐且上档次。

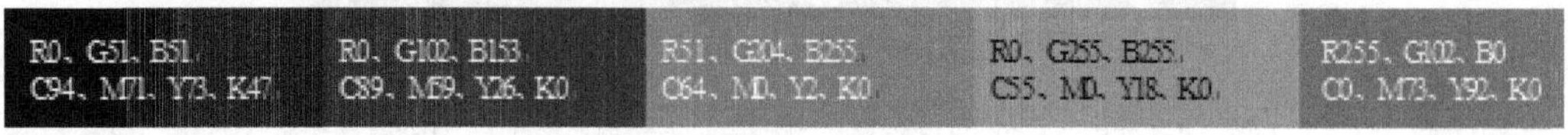

图6-13 欢迎版块的配色图

2. 版式分析

将商品放在画面的左侧作为背景，把优惠券的信息整齐的排列在画面的下方位置，显得极具节奏感，右侧的收藏文字让人一目了然，突显出画面的主要信息，如图6-14所示。

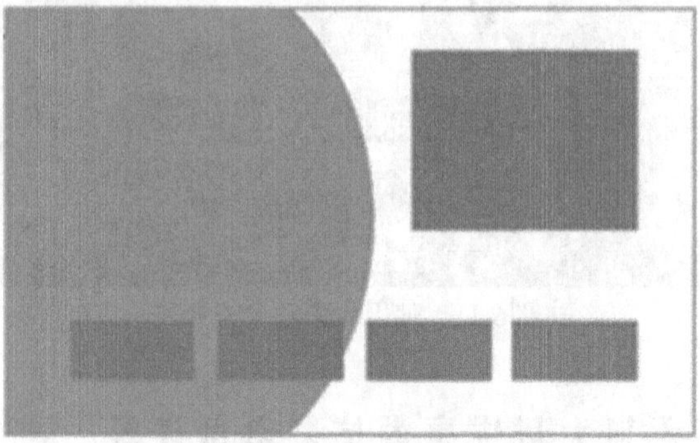

图6-14 版式布局

3. 制作步骤

STEP1 在Photoshop中创建一个文档，对前景色进行设置，按快捷键“Alt+Delete”，把背景填充上纯色，接着添加所需的荧光素材，适当调整素材的大小，放在画面的右下角位置，如图6-15所示。

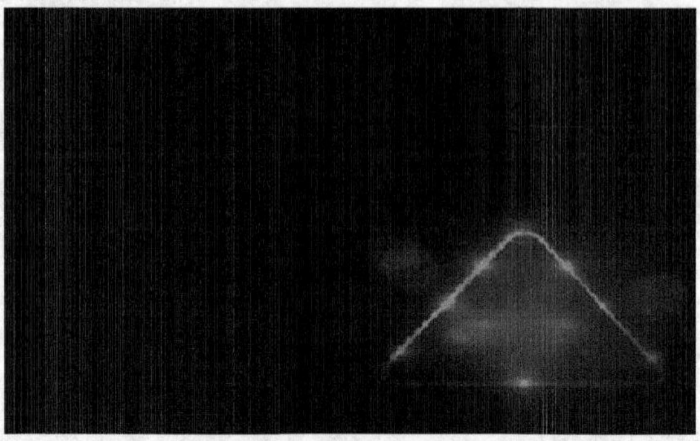

图6-15 制作画面背景

STEP2 将手表素材添加到背景中，适当调整其大小，放在画面的左侧，设置图层的混合模式为“浅色”，接着创建黑白调整图层，在“属性”面板中勾选“色调”复选框，将手表素材调整为双色调效果，让整个画面的颜色得到有效统一，如图6-16所示。

图6-16　添加商品素材

STEP3 使用“矩形工具”绘制矩形，使用“描边”和“渐变叠加”图层样式对绘制的矩形进行修饰，接着在矩形上方添加所需的优惠信息，打开“字符”面板对文字属性进行设置，制作出风格一致的四组优惠信息，如图6-17所示。

图6-17　制作优惠信息

STEP4 使用“横排文字工具”，添加所需的文字，打开“字符”面板对文字的字体、字号等属性进行设置，接着利用“渐变叠加”和“投影”图层样式对文字和添加的形状进行修饰，放在画面的右侧，完成的效果如图6-18所示。

图6-18　添加“加入收藏”字样

6.2.3 古典风格收藏区设计

本案例是为服装店铺所设计的收藏区，图6-19中可以看到画面使用了棕色、暗红色和米色作为主要的色彩，营造出一种古典怀旧的视觉效果。

图6-19　古典风格收藏区设计图

1. 设计理念

色彩搭配上使用了较为复古的米色和棕色，采用暗红色对重要元素进行突出表现。使用米字格来对“收藏”两个字进行修饰，带来一定的历史感，能提高顾客对店铺的信任。将暗红色的服装剪影放在画面左侧，能够直观的表现出店铺的商品信息。

2. 工具使用

（1）使用“图案叠加”“颜色叠加”和“描边”样式修饰设计元素。

（2）利用“横排文字工具”添加文字，并通过“字符”面板设置文字的属性。

（3）通过“魔棒工具”创建选区，为选区创建颜色填充图层，由此改变图片的色彩。

3. 操作步骤

STEP1 新建文档，双击“背景”图层，对其进行解锁，接着为该图层添加“颜色叠加”和“图案叠加”样式，如图6-20所示。

图6-20　收藏区背景制作

STEP2 选择工具箱中的“矩形工具”，绘制出所需的线条，如图6-21所示。

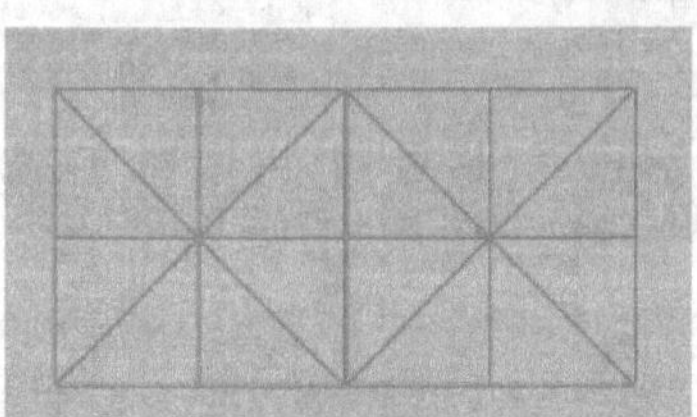

图6-21　绘制收藏区的背景线条

STEP3 为收藏区添加文字，如图6-22所示。

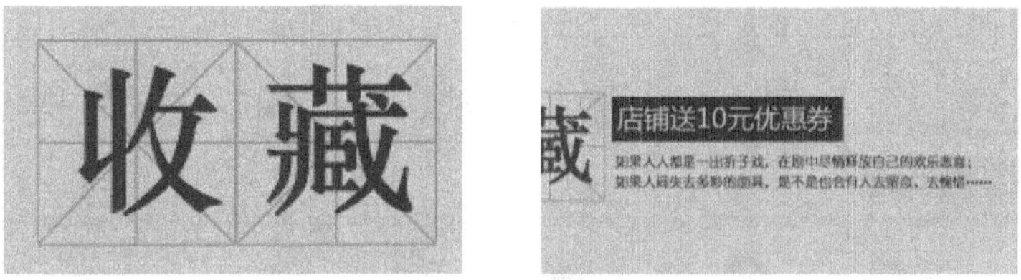

图6-22 添加收藏区文字

STEP4 使用“圆角矩形工具”绘制形状，再对“描边”样式和“填充”选项进行编辑，最后添加所需素材，如图6-23所示。

图6-23 制作收藏区图标

6.3 客服区的设计分析

网店的客服与实体店铺中的售货员功能是一样的，存在的目的都是为顾客答疑解惑，不同的是网店的客服是通过聊天软件与顾客进行交流。设计成什么样的客服区、放在哪个位置才能提升顾客咨询的兴趣呢？本小节将对网店客服区的设计规范进行讲解，如图6-24所示。

图6-24 客服区设计图

6.3.1 客服区的设计原则

网店的客服区在网店首页的多个区域，如图6-25所示。此外，网商平台都会在网店首页的最顶端统一定制客服的联系图标，便于让顾客形成固定的思维。当然这些都是不够的，很多专业的网店为了突显出店铺的专业性和服务品质，在首页的多个区域都会添加客服，以便顾客及时联系到工作人员，如图6-26所示。

图6-25　客服区设计图

图6-26　潮衣客服区设计图

网店中的客服与实体店中的售货员具有相同的作用，但是在网店中如何快速的寻找到客服并进行询问是客服区位置摆放和设计的关键。默认情况下，网店的客服与商品分类相邻，如图6-27所示。随着网店装修的不断提升，越来越多的商家将客服放在了网店首页的中间或者底部，如图6-28所示。当顾客对网店首页浏览到一定程度时，客服区的及时显示会增加顾客询问的概率，从而提高网店的销售量。

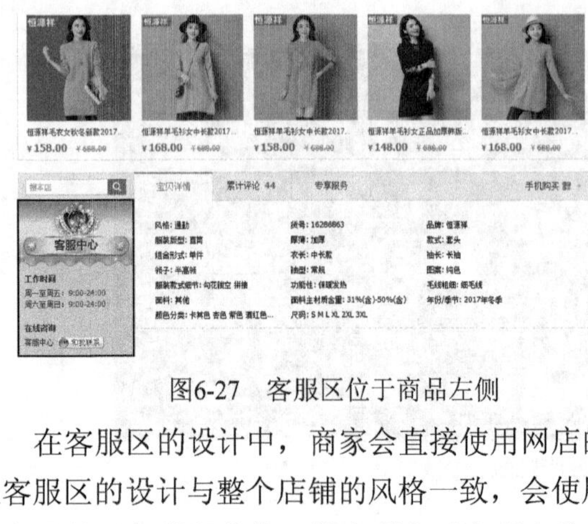

图6-27　客服区位于商品左侧

图6-28　客服区位于中间位置

在客服区的设计中，商家会直接使用网店的聊天图标作为客服头像的图片，或者为了让客服区的设计与整个店铺的风格一致，会使用一些卡通的头像，或者真实的人物头像来对客服的形象进行美化，提高顾客对客服交流的兴趣，图6-29和图6-30分别为使用聊天图标和卡通头像作为客服头像的设计效果。

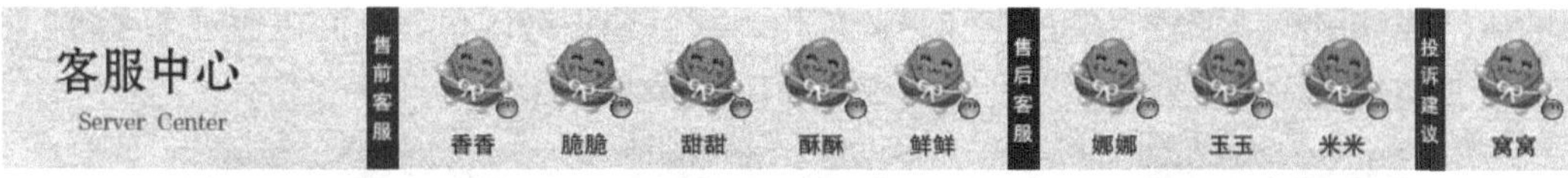

图6-29 客服头像 1

图6-30 客服头像 2

对网店的店铺收藏和客服区进行设计的时候，大多数会将这两个部分结合起来，因为店铺收藏和客服都会对网店日后的成交量产生较大的影响。这样的设计会向顾客展示出网店完善的售前和售后服务，增强顾客对店铺的信心和认可度，如图6-31和图6-32所示。

图6-31 设计客服区 1

图6-32 设计客服区2

6.3.2 客服区设计案例分析

使用多彩的渐变色对标题文字进行美化，同时利用阴影增强立体感，并通过暖色调修饰画面背景，营造出热情、欢快的氛围，如图6-33所示。

图6-33 客服区设计效果

6.3.3 冷酷风格客服区设计

本案例是为某服饰设计的客服区，根据店铺名称“潮衣”将店铺风格定义为时尚、潮流的风格。使用了色调较暗的黑色和暗蓝色作为主色调进行创作。画面中通过渐变色、投影和箭头元素的应用营造出强烈的品质感，如图6-34所示。

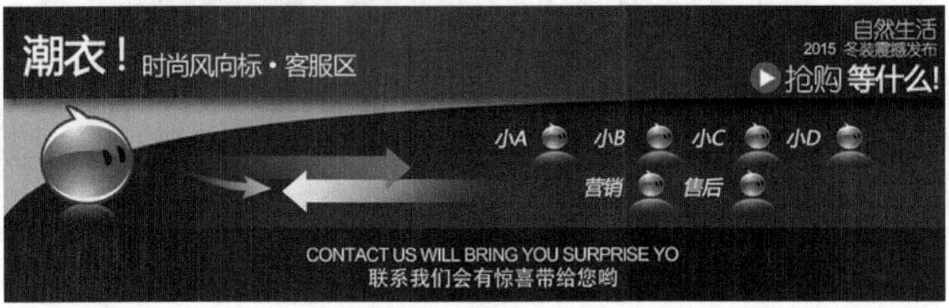

图6-34 “潮衣”客服区

1. 设计理念

（1）使用色调较暗的黑色和暗蓝色营造一种品质感，利用白色来填充文字，使其更加突显。

（2）旺旺头像下方的投影让画面层次感增强，同时给人干净、利落的视觉感受。

（3）画面文字通过字体、粗细和大小的变化来进行表现，增添设计感和精致感。

2. 工具使用

（1）使用“渐变填充”和“画笔工具”来制作背景中的层次。

（2）使用“创建剪贴蒙版”命令来对图形的显示进行控制。

（3）使用“画笔工具”对箭头形状的图层蒙版进行编辑，制作出渐隐的效果。

3. 操作步骤

STEP1 新建文档，绘制背景，如图6-35所示。

图6-35 绘制背景

STEP2 添加适当的素材，并对旺旺头像的大小和位置进行调整，如图6-36所示。

图6-36 添加素材

STEP3 使用“钢笔工具” 绘制出所需的箭头形状，如图6-37所示。

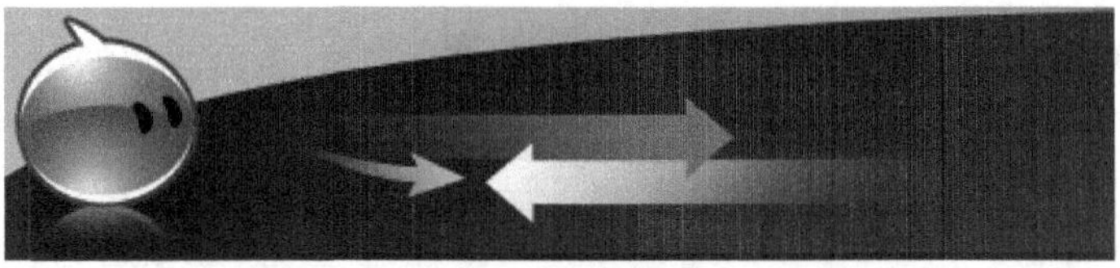

图6-37 绘制箭头

STEP4 使用“矩形工具”绘制矩形，放在画面的上方，如图6-38所示。

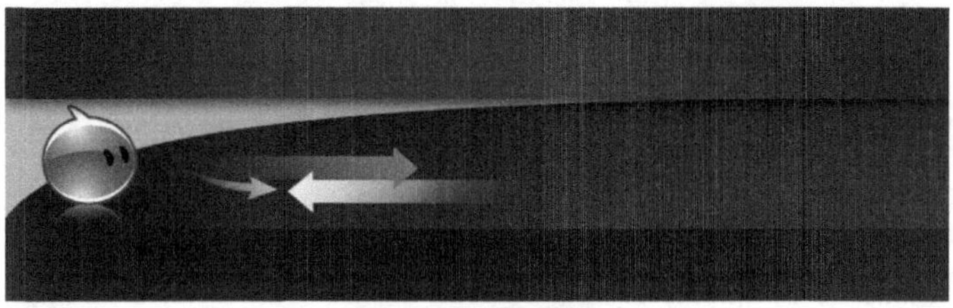

图6-38 绘制矩形

STEP5 用“横排文字工具”添加文字，如图6-39所示。

图6-39 添加文字

STEP6 绘制旺旺头像和客服名称，如图6-40所示。

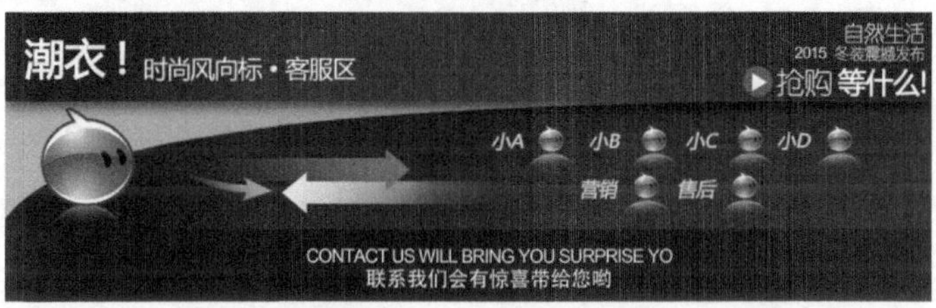

图6-40 添加客服及头像

6.4 客服区与收藏区结合的设计

1. 设计要求

使用矩形对画面进行布局，将网店的客服区和店铺收藏区中的内容结合起来，设计一个服务性质的专属模块，要求色彩简单，大气简约，如图6-41所示。

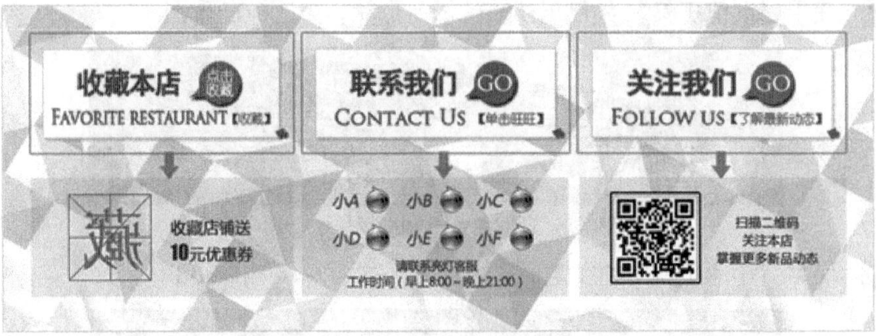

图6-41　客服区与收藏区相结合

2. 操作步骤

STEP1 在Photoshop中新建文档，使用素材制作出画面的背景，并通过创建和编辑“色阶”调整图层背景的影调，如图6-42所示。

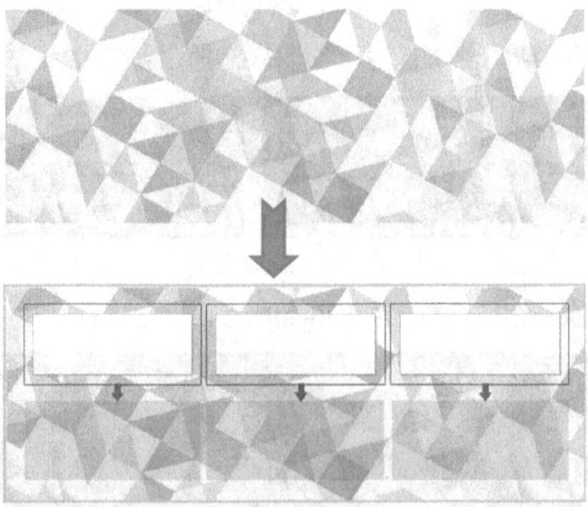

图6-42　制作背景

STEP2 在Photoshop中新建文档，使用素材制作出画面的背景，并通过创建和编辑“色阶”调整图层背景的影调，如图6-43所示。

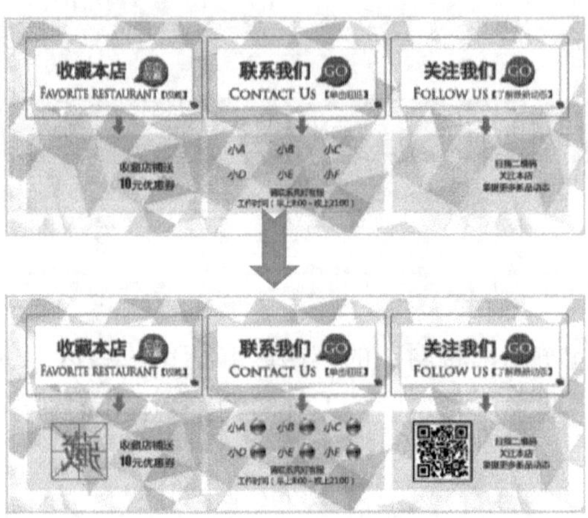

图6-43　调整背景

本章总结

通过本章的学习，学习者能够了解店铺收藏区设计的重要性。在设计收藏区时，为了提升店铺的人气，增加顾客的回头率，不仅可以添加商品的照片，还可以添加店铺的很多优惠信息。

本章中所用到的工具如下所述。

- 使用“图案叠加”“颜色叠加”和“描边”样式修饰设计元素。
- 利用“横排文字工具”添加文字。
- 使用“钢笔工具”绘制图形。

练习与实践

【单选题】

1. 以下选项不可以作为收藏店铺设计中使用的文件格式的是（　　）？

A. GIF　　B. JPG　　C. PSD　　D. AI

2. 收藏店铺图像文件的分辨率一般是（　　）像素/英寸。

A. 300　　B. 72　　C. 960　　D. 100

【多选题】

1. “收藏店铺”可以放置在网店首页的哪些位置（　　）？

A. “收藏店铺”可放置于网店店招

B. “收藏店铺”可放置于欢迎模块

C. “收藏店铺”可放置于左侧边栏

D. “收藏店铺”可放置于详情页

2. 收藏区的作用有哪些（　　）。

A. 提升顾客的回头率　　B. 提升店铺的点击率

C. 提升店铺的交易量　　D. 提升店铺的美观度

【判断题】

1. 收藏区设计时可以添加大量优惠券信息。（　　）

A. 对　　B. 错

2. 收藏区设计时不可以添加商品图片。（　　）

A. 对　　B. 错

3. 收藏区主要显示在网店装修的首页位置，所以在网商平台的位置是固定区域。（　）

A. 对　　B. 错

实训任务

店铺收藏区设计	
项目背景介绍	以黑白色的剪影为素材，设计一个卡通风格的店铺收藏，要求为画面中添加关注、活动和收藏优惠等信息，利用文字的粗细、大小等外观变化来表现出内容的主次关系。色彩简单些，最多不能超过四种
设计任务概述	1. 插图设计 2. 收藏区色调设计 3. 添加文字和其他装饰性素材
设计参考图	
实训记录	
教师考评	评语： 辅导教师签字：＿＿＿＿＿＿

第7章

展现宝贝的专业与品质——详情页制作

本章导读

- 宝贝描述区域的装修设计，就是对网店中销售的单个商品的细节进行介绍，在设计的过程中需要注意很多规范，以求用最佳的图像和文字来展示出商品的特点。

效果欣赏

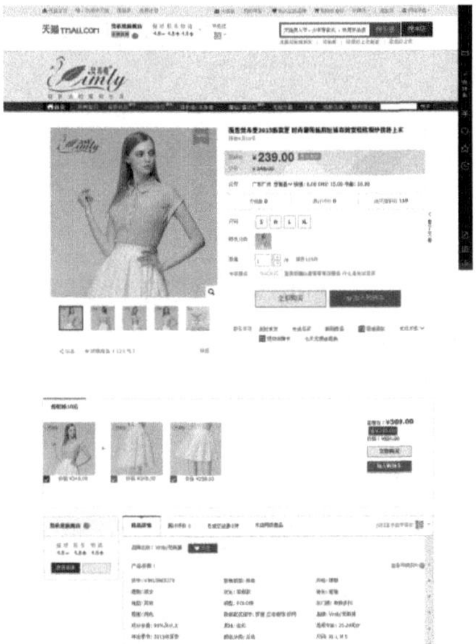

学习目标

- 商品描述的设计分析。
- 商品描述的设计原则。
- 在商品描述中突出卖点的技巧。

技能要点

- 商品描述页面商品图片的合理展示。
- 商品描述页面商品图片细节的制作。
- 商品描述页面整体配色与版式设计。

实训任务

- 高雅风格的商品描述设计。
- 清爽风格的商品描述设计。

7.1 详情页的设计分析

商品描述页面又叫做详情页，顾名思义就是商品详细情况的介绍，包括产品的规格、属性、尺寸、产品实物的展示等等。天猫商品描述页面尺寸的宽为790像素，淘宝产品描述页面尺寸的宽为750像素。一个严谨的、成功的、优秀的商品详情页面能够让顾客在短短停留的时间里面产生购买商品的欲望，并且提升店铺的转化率。在对商品详情图片设计时，需要对该页面中的信息结构有一定的了解，接下来对商品详情页面中的信息结构进行讲解。

7.1.1 商品详情页结构

商品详情页主要包含六大块，分别为：促销专区（关联营销）、产品参数、产品实拍、产品细节、服务质量、售后信息，具体展示如图7-1和图7-2所示。

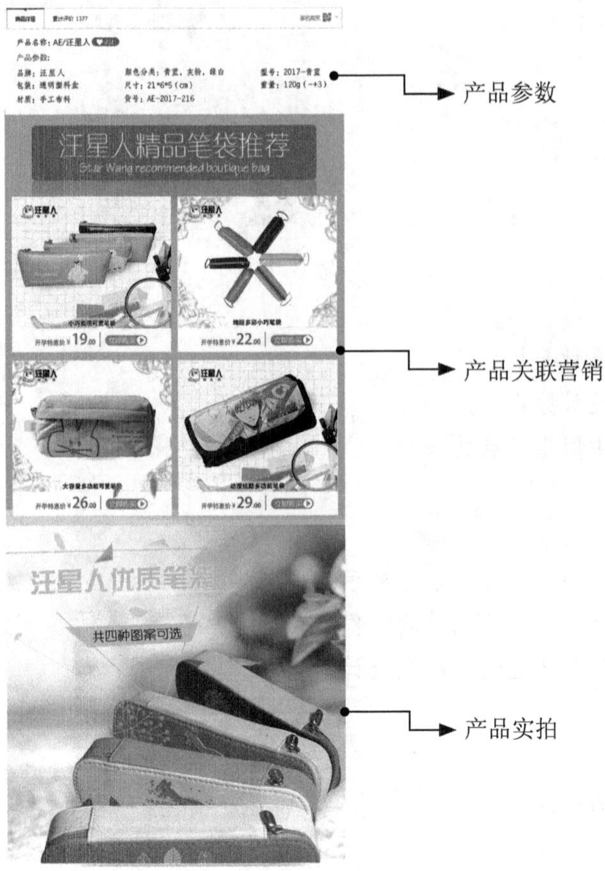

图7-1 详情页结构 1

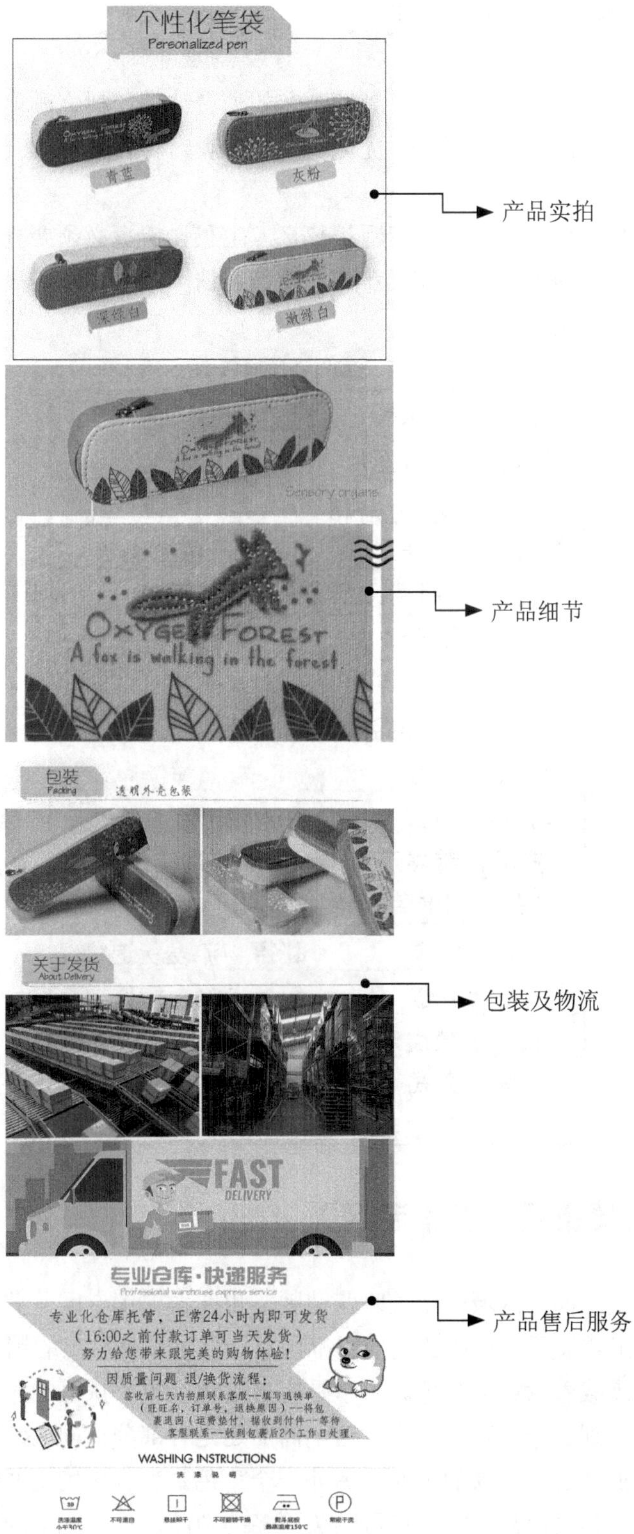
个性化笔袋
Personalized pen
青黛
灰粉
深绿白
嫩绿白
产品实拍
OXYGEN FOREST
A fox is walking in the forest.
产品细节
包装
Packing
透明外壳包装
关于发货
About Delivery
包装及物流
FAST
DELIVERY
专业仓库·快递服务
Professional warehouse express service
产品售后服务
专业化仓库托管，正常24小时内即可发货
（16:00之前付款订单可当天发货）
努力给您带来跟完美的购物体验！
因质量问题 退/换货流程：
WASHING INSTRUCTIONS
洗涤说明

图7-2　详情页结构 2

7.1.2 商品详情页各模块作用

商品详情页是提高转化率的入口，激发顾客的消费欲望，树立顾客对店铺的信任感，打消顾客的消费疑虑，促使顾客下单。优化商品详情页对转化率有提升的作用，但是起决定性作用的还是商品本身，如表7-1所示。

商品详情页要与宝贝主图、宝贝标题相契合，宝贝详情页必须要真实的介绍出宝贝的属性。假如标题或者主图里写的是韩版女装，但是详情页却是的欧美风格，顾客一看不是自己想要的肯定会马上关闭页面。

表7-1 宝贝详情模块表

产品整体大图	引发兴趣
多角度与细节图片	更多更详尽展示
产品信息和尺寸规格	产品参数
模特和用户使用图	直观展示激发法
价格促销点	价格诱惑
客户体验	感性激发
产品独特卖点	激发潜在需求
产品功能介绍	告知详情
使用说明	告知详情
与其他产品PK	激发潜在需求
产品包装展示	专业可信任
产品获得的荣誉	建立信任
售后保障	邮寄物流发货退换
品牌介绍	长远形象塑造
公司形象展示	树立可信形象
联系方式	服务
关联宝贝推荐	关联营销

7.1.3 关联营销区（促销专区）

商品描述页面最上面的区域叫做关联营销区，也叫做促销专区，关联营销是指在这个商品页面以图片的形式展示店铺中的其他主推宝贝，促进其他宝贝的销售。

关联营销主要承载着两部分角色。一个是客户对该宝贝不认可的时候，推荐其他相似的款。客户既然点击到这个宝贝，说明对这个商品还是有部分认同的，因此推荐相似款，能够在一定程度上挽回这次交易的失败。另外一个角色是当客户确定要购买这件商品的时候，推荐与之搭配的其他商品。让客户再购买更多的商品，提高成交的客单价。因为客户在确定购买一个商品的时候，会下意识的为降低快递成本而多选择商品。让顾客多选购几个商品的最好方法就是关联营销。关联推荐的商品切忌胡乱堆砌，要根据营销的目标选择商品，如图7-3所示。

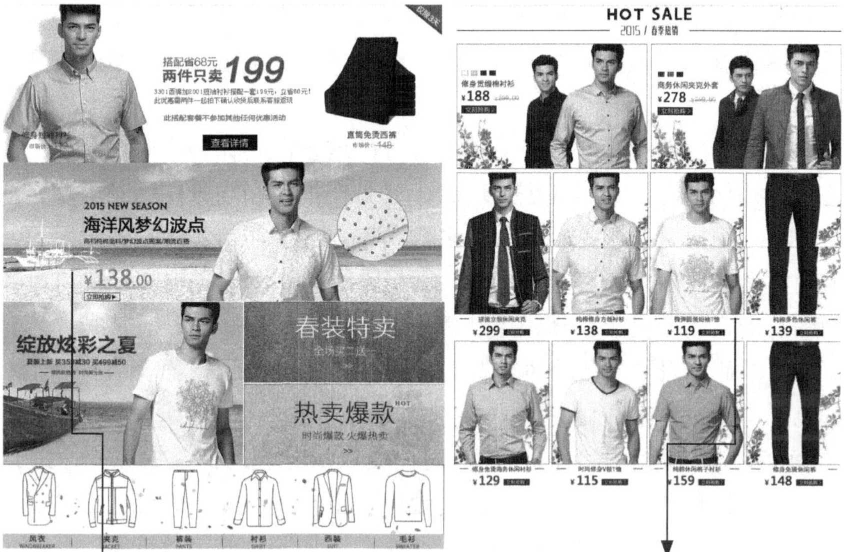

图7-3　关联营销区

7.1.4　产品属性

产品属性是产品性质的集合，是产品差异性的集合。决定产品属性的因素一般包括规格、容量、尺寸、面料、材料。

图片一般不能反映商品的全部真实情况，因为图片在拍摄的时候是没有参照物的。有时买家买了宝贝以后会要求退货，原因就是和预期相差太多，预期就是照片给的。此时，就需要加入产品规格参数的模块，如此才能让客户对商品有正确的预估，产品的参数是用户判断商品整体感觉的主要方式，如图7-4所示。

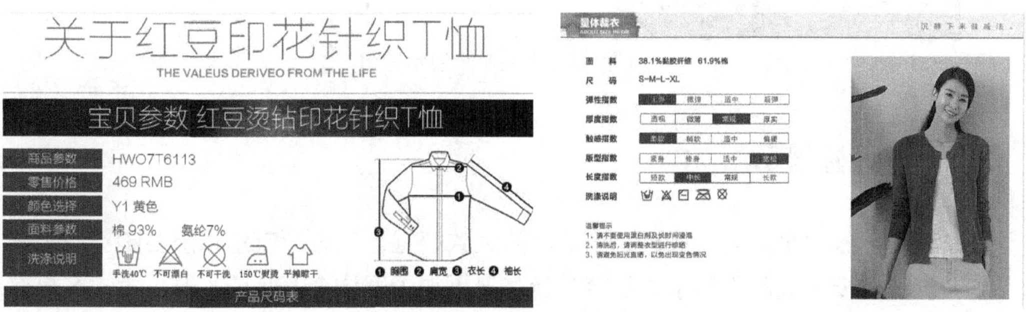

图7-4　产品属性展示

7.1.5 商品实物展示

商品实物展示一般要求正面展示、背面展示、侧面展示、内容展示等，如果是服饰类，要求模特展示。拍摄细节需高清展示，服饰类、鞋类产品要求展示面料实物细节，以便让买家通过图片展示了解商品的细节信息，细节图片非常重要，细节的精致展示会大大促进买家的购买欲望。

用户购买商品最主要就是看宝贝展示的部分，这里需要让客户对商品有一个直观的感觉，通常这部分是使用图片的形式来展现的，分为摆拍图和场景图两种类型。摆拍图能够直观的表现商品，拍摄成本相对较低，大多数卖家自己也能够实现。摆拍图的基本要求就是能够把宝贝如实展现出来。有时候走平实无华路线的态度也是能够打动消费者的。

实拍的图片通常需要突出主体，用纯色背景，讲究干净、简洁、清晰。这种拍摄手法比较适合家居、数码、鞋、包等小件物品，采用模特拍摄的话反而会喧宾夺主。此类商品的拍摄尽可能采用纯底色来凸显。

场景图能够在商品展示的同时，在一定程度上烘托使用商品的氛围，通常需要较高的成本和一定的拍摄技巧。这种拍摄手法适合有一定经济实力，有能力把控商品展现尺度的客户。如果因为场景的引入运用得不好，反而会增加图片的无效信息，分散主体的注意力。场景图需要体现出商品的功能，通过一个唯美有意境的图片是为了衬托商品，而不是影响商品展示，如图7-5所示。

图7-5 产品实物展示

7.1.6 商品细节展示

在宝贝展示模块里，客户可以找到商品的大致感觉。当客户有意识想要购买的时候，商品细节模块就要开始起作用了。细节是让客户更加了解这个商品的主要手段。客户熟悉商品才是对最后成交起到关键性一步的作用。商品细节要尽可能展示商品细节和材质，如图7-6所示。

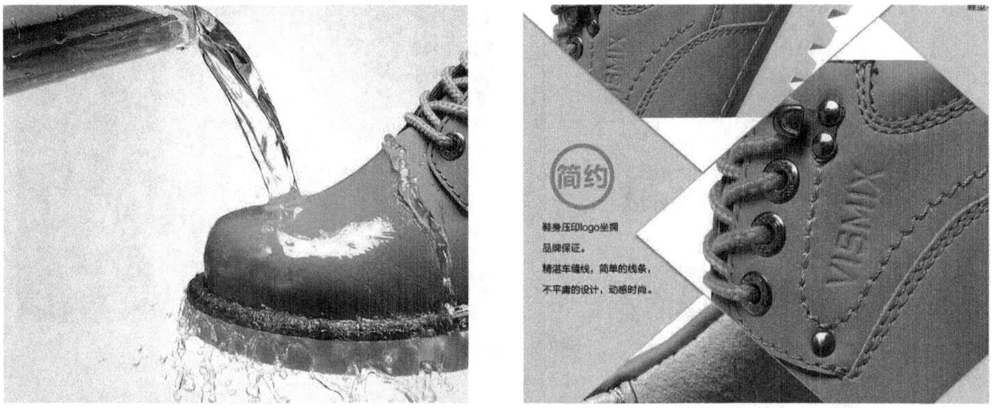

图7-6　商品细节展示1

将商品重点部位的细节进行放大，让顾客直观感受到商品的材质、形状、纹理、款式等信息，这样的设计会突显出商品的主要特点，如图7-7所示。

图7-7　商品细节展示2

7.1.7 服务质量

服务质量一般是指店铺说明，如果是品牌的话可以介绍一些品牌故事，或者产品的质检报告或者展示实体店铺等，这给人一种信任感，甚至还可以展示正品说明等内容，如图7-8和图7-9所示。

图7-8　品牌故事

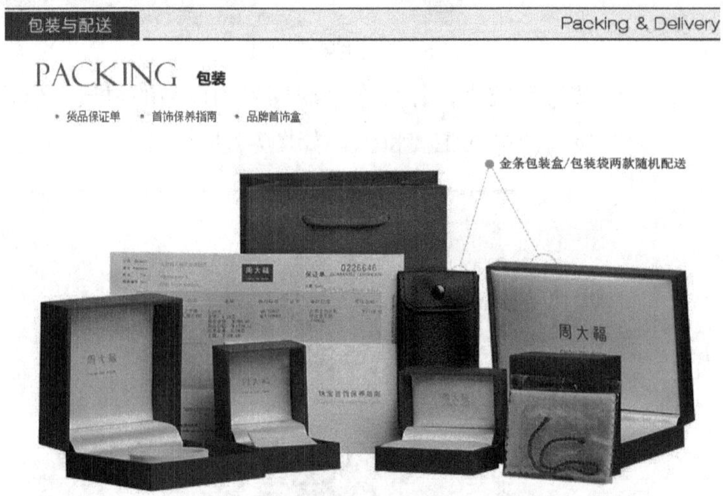

图7-9　品牌质量

7.1.8　客服及售后服务

客服体系是指在整个销售过程中，售前咨询、售后服务、问题投诉等一整套沟通渠道的建立。完善的客服体系能够极大地提高客服的工作效率，让客户找到对的人问想问的问题，一般普通店铺的流量达不到需要分客服体系的程度。在商品详情页面有旺旺可以直接点击，在商品页面的合适位置放置咨询旺旺能够更快的将客户购买意识转化为交易，如图7-10和图7-11所示。

图7-10　售后服务

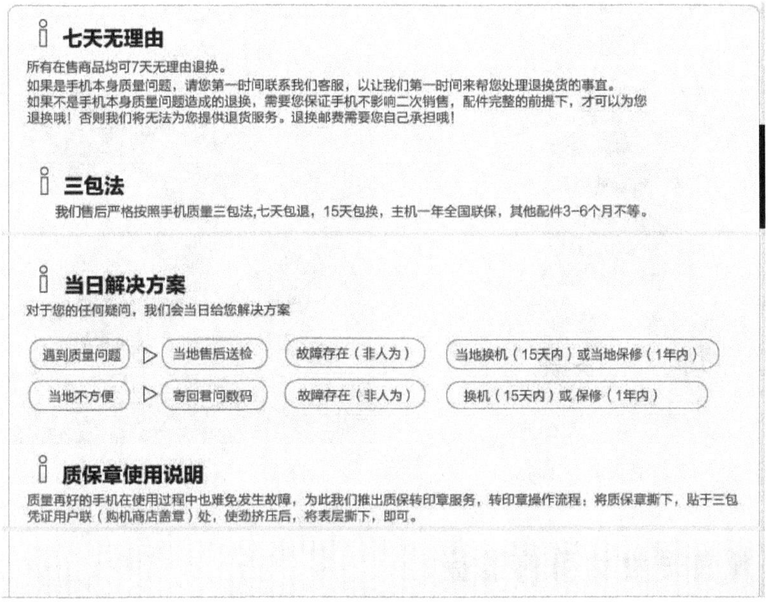

图7-11　售后保障

详情页模块间的相互组合就像是语法中的主、谓、宾一样。有的模块是整个宝贝描述中最主要的组成部分，有的模块是处于修饰的功能，让宝贝看上去更加的诱人，给人更多的购买理由。

详情页设计完成之后需要配合分析询单率、停留时间、转化率、访问深度等数据进行不断地优化，不同行业要不同对待，最好的方法就是收集同行业销量前几名的详情页，分析他们的布局文案构成。每个商家要有自己的思路、想法和运营的资本，让自己有更大的提升空间。详情页优化的好坏还与整个运营设计团队的文化素养和学识有密不可分的关系。

7.2　商品描述设计与详解

宝贝详情页面是对商品的使用方法、材质、尺寸、细节等方面的内容进行展示。有的店家为了拉动店铺内其他商品的销售，或者提升店铺的品牌形象，还会在商品详情页面中添加搭配套餐、公司简介等信息，以此来树立和创建商品的形象，提升顾客的购买欲望。

本节主要对商品详情页面的设计进行介绍，在进行具体案例的创作之前，这里对宝贝详情页面设计中需要注意的一些问题进行讲解。

商品详情页是直接影响成交转化率的，其中的设计内容要根据商品的具体内容来定义。只有图片处理得合格，才能让店铺看起来更加的正规，更加的专业，这样对顾客才更有吸引力，这也是装修商品详情页面中最基础的要求，如图7-12和图7-13所示。

图7-12　宝贝款式详情

图7-13　宝贝亮点详情

7.2.1　详情页设计前的准备

1. 设计前的市场调查

设计商品详情页之前要充分进行市场调查，同行业的调查，规避同款。同时，也要做好消费者调查，分析消费人群，分析消费者的消费能力、消费喜好，以及顾客购买时所在意的问题等。

（1）如何进行调查？

通过淘宝指数（shu.taobao.com）可以清楚地查到消费者的一切喜好以及消费能力、地域等很多数据，利用这些数据对优化详情页很有帮助。另外，还可以通过生E经等付费软件进行一些更深层次地分析。

（2）如何了解消费者最在意的问题？

可以去宝贝评价里面找，在买家评价里面可以挖出很多有价值的东西，了解买家的需求，购买后遇到的问题等。

2. 调查结果及商品分析

根据市场调查结果以及自己的商品进行系统的分析总结。罗列出消费者所在意的问题，同行的优缺点，以及自身商品的定位，挖掘自身与众不同的卖点。根据店铺商品以及市场调查确定本店的消费群体。

3. 开始准备设计元素

根据消费者分析以及自身商品的特点提炼卖点，根据商品风格的定位来准备所用的设计素材，确定详情页商品及文案的用色、字体、排版等。最后还要烘托出符合商品特性的氛围，例如羽绒服的背景可以采用冬天的冰山效果。

设计时要确立的六大元素有配色、字体、文案、构图、排版、氛围。

常见的商品描述页构成的框架是"商品价值+消费信任=下单"。

详情页上半部分诉说商品价值，后半部分培养顾客的消费信任感。对于消费信任感不仅要通过各种证书、品牌认证的图片来树立，还要通过合适的版式来表现，这些对赢得顾客的信任感都会起到重要的作用。详情页中的每一块内容都有它的价值，都要经过仔细的推敲和设计。

4. 商品详情页面规划的思路

详情页的描述基本遵循以下作用来设计规划：引发兴趣、激发潜在需求、赢得消费信任、替客户做决定。

由于客户不能真实体验商品，商品详情页则要从多方面打消买家的购买顾虑。从客户的角度出发，关注最重要的几个方面，并不断强化，告诉顾客本店是做这方面商品的专家，是值得信赖的。

规划详情页要遵循以下原则：文案要运用情感营销引发共鸣；卖点的提炼要简短易记并要反复强调和暗示；运用好FAB法则。

有需求才有产品，店家卖的不是商品，而是是顾客买到商品之后可以得到什么价值，满足什么需求。详情页面规划要让顾客理性地进来，最后是感性地下单。

5. 详情页设计的几个盲点

（1）关联营销做得过长过多。这会导致买家直接跳过关联商品去看详情页信息或者买家直接关闭页面，所以关联不要太多，不要随意，做成具有视觉审美效果的海报形式是最为理想的。

（2）图片保存得太大。这会导致买家在购物中体验感下降，如果一个图片高达1MB，一个详情页20个图片那就是20MB，普通用户的宽带假设限速400KB/s，这就需要好几分钟才可以看到完整的详情，这样跳失率会很高。建议商家尽量缩小详情页单张图片的高度和大小，提升浏览速度。

（3）底部的关联商品非常重要，假设一个买家没有看上这个宝贝，则可以通过关联商品来分流。

（4）不要盲目借鉴别人店铺的设计风格，要确定自己的风格。

（5）参数文案有错别字。上传之前一定要认真检查详情页中的内容。

7.2.2 宝贝描述案例分析

本案例是为某品牌家具设计的详情页面，通过对商品进行指示并配以文字说明来展示出家居的特点和功能，让顾客能够全方位的、清晰的认识到商品的细节。

1. 设计鉴赏

分析1：家居图片以现代简约的浅色调为主，在标题栏、文字和修饰元素的配色上，基本上使用了与之相协调的色彩进行搭配，力求呈现出高雅、上档次的视觉效果，如图7-14所示。

分析2：在“商品细节”内容中，使用简短的文字说明对家居各个区域的作用和名称进行说明，这样显得直观且易于阅读。

分析3：在画面文字的编排上，版式较为灵活，使用的文体外形也比较硬朗，色彩主要以黑色和红色为主。

分析4：家居各部分使用红色进行指示，让顾客一目了然。

图7-14　家具详情分析

2. 版式分析

在版式的设计中，本案例基本上使用了左对齐和居中排列两种搭配方式来安排画面元素，画面信息整齐而有韵律感，让顾客的视线更加集中，也符合人们浏览的视觉习惯。画面中使用标题栏对信息进行分组，体现出布局的整洁性。

7.3 商品搜索主图制作

淘宝主图优化也是影响淘宝搜索排名的因素之一。商品的质地、店铺的促销、商品价格都一览无遗，高品质的搜索主图可以赢得顾客的吸引力与更多的点击率，从而提升店铺的成交量与转化率。

7.3.1 商品搜索主图制作要求

商品搜索主图为实物拍摄图，图片大小要求800×800px以上（自动拥有放大镜功能），主图必须为白底，展示正面实物图，主图不许出现图片留白、拼接、水印，不得包含促销、夸大描述等文字说明。主图的文字说明包括但不限于秒杀、限时折扣、包邮、折扣、满几送几等，如图7-15所示。

7-15 宝贝主图

第一张主图是天猫搜索的主图，5张主图尺寸为800×800px，大小不超过500KB，可以在宝贝详情页提供图片放大功能，图片是bmp、png或jpg格式。

商品搜索主图如图7-16和图7-17所示。

图7-16　宝贝搜索主图1

图7-17　宝贝搜索主图2

7.3.2 服装鞋帽类搜索主图制作要求

1. 服装类商品

（1）服装行业的范围。

服装类目商品：女装/女士精品、男装、女士内衣、男士内衣、家居服（不包括乳贴，插片/胸垫）。

运动服装类目商品：运动服。

母婴服饰类目商品：童装、亲子装、孕妇装、孕妇裤、托腹裤、产妇帽、孕妇袜子、家居服、哺乳装、秋衣裤、哺乳文胸、内裤、产检裤、防辐射服。

服饰配件类目商品：围巾、丝巾、帽子、手套、披肩、布面料、毛线、手帕、领带、领结。

（2）服装行业主图规则。

主图必须为实物图且须达到5张，每张图片必需大于等于800×800px。

主图不得拼接，不得出现水印，不得包含促销、夸大描述等文字说明，该文字说明包括但不限于秒杀、限时折扣、包邮、打折、满几送几等，商标所有人可将品牌LOGO放置于主图左上角，大小为主图的1/10寸。

2. 鞋类商品

（1）鞋类行业范围。

本标准适用于女鞋、户外用品、登山用品、野营用品、旅行用品（只包括鞋类商品）、运动鞋、流行男鞋、童鞋、亲子鞋、孕妇鞋。

（2）鞋类行业主图规则。

男女鞋、童鞋、孕妇鞋的第二张主图商品朝左45度拍摄，且为单只拍摄。

运动鞋、户外鞋首张主图需采用白底，图片不得拼接，不得出现水印，不得包含促销、夸大描述等文字说明，商标持有人可将品牌LOGO放置于主图左上角，大小为主图的1/10寸，商品水平朝左摆放，如图7-18、图7-19和图7-20所示。

图7-18 宝贝搜索主图1

图7-19 宝贝搜索主图2

图7-20 宝贝搜索主图3

3. 电器类商品

（1）电器行业范围。

本标准适用于所有在天猫销售的家用电器类商品，包括厨房电器、生活电器、个人护理器材、保健器材、按摩器材、影音电器以及大家电类目下的所有商品。

（2）电器行业主图规则。

第一张主图由商家自行定义设计，如图7-21所示。第二张主图必须是清晰的白底图，不得出现水印、文字说明、商家logo、促销信息等类似信息，如图7-22所示。如果是强制3C认证的商品，必须在第三张主图展示3C认证标志，如图7-23所示。如果是强制要求有能效标识的商品，必须在第四张主图展示能效标识，如图7-24所示。最后一张图可以自行突出商品的卖点，如图7-25所示。

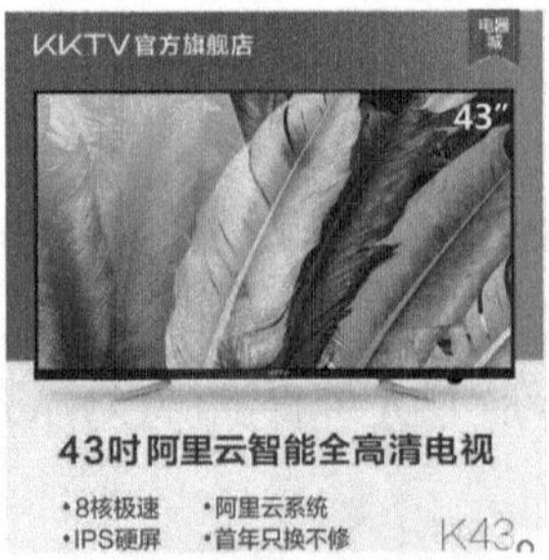

图7-21　首图

图7-22　白底图

图7-23　3C认证标志

图7-24　能效标识

图7-25　商品特点图

4. 居家类商品

（1）居家用品行业范围。

本标准适用类目有厨房/烹饪用具、餐饮具、收纳整理、家庭/个人清洁工具、居家日用、节庆用品/礼品、洗护清洁剂/卫生巾/纸/香薰七个类目商品。

（2）居家用品行业主图规则。

主图必须实物拍摄且图片必须达到5张。

第二张主图不许出现图片留白、拼接、水印，不得包含促销、夸大描述等文字说明。

除第二张主图外，其余主图商家可自定义设计，如商品品牌信息、商品吊牌信息、产品细节图等。

5. 化妆品类商品

（1）化妆品行业范围。

本标准适用于所有在天猫销售的彩妆/香水/美妆工具（不包括美妆工具）、美容护肤/美体/精油、美发护发/假发（不包括假发）、沐浴/个人清洁一级类目下的化妆品。

注：化妆品是指以涂擦、喷洒或者其他类似的方法，散布于人体表面任何部位（皮肤、毛发、指甲、口唇等），以达到清洁、消除不良气味、护肤、美容和修饰目的的日用化学工业产品。

（2）化妆品行业主图规则。

商品第一张主图必须为白底。不得出现促销类文字，不得出现店铺LOGO、文字和水印，允许出现赠品图，但不允许出现“赠品”“赠送”“赠”等促销类文字。

国产特殊化妆品和进口化妆品（包括进口特殊化妆品）最后一张主图必须展示商品资质，要求文字清晰可见。

国产特殊化妆品需展示国妆特字/卫妆特字细节图。

国产特殊化妆品包括育发类、染发类、烫发类、脱毛类、美乳类、健美类、除臭类、祛斑类、防晒类，如图7-26所示。

进口化妆品包括进口特殊化妆品，需完整展示中文标签细节图，如图7-27所示。

图7-26 国产特殊化妆品

图7-27 进口化妆品

6. 箱包类商品

（1）箱包行业范围。

本标准适用于箱包皮具、热销女包/男包。

（2）箱包行业主图规则。

主图图片需达到5张且必须为实物拍摄图，并且每张图片必须大于等于800×800px（自动拥有放大镜功能）。

第二张主图必须是商品正面全貌和清晰的白底图，商标所有人可将品牌LOGO放置于主图左上角，大小为主图的1/10寸。图片不得拼接，不得出现水印，不得包含促销、夸大描述等文字说明。第二张主图商品四周须留白且居中，整张图片白色背景的占比须超过45%。第二张主图商品（包含多色商品、子母包商品）只允许展示一款商品的销售属性，且为顺时针正面向左45° 拍摄。

除第二张主图外，其余主图商家可自定义设计，如商品品牌信息、产品细节图等。

7. 保健品类商品

（1）保健品行业范围。

本标准适用类目：保健食品/膳食营养补充食品类目下的保健食品、奶粉/辅食/营养品/零食类目下的婴幼儿保健食品、孕妇装/孕产妇用品/营养类目下的孕产妇保健食品、酒类目下的保健食品酒的4个子类目中的保健食品。

（2）保健品行业主图规则。

主图图片必须达到5张且必须为实物拍摄图，并且每张图片必须大于等于800×800px。

主图必须为白底，不许出现图片留白、拼接、水印、任何形式的边框，不得包含促销、夸大描述等文字说明。

商标持有人可将品牌LOGO放置于主图左上角，LOGO大小需在固定比例以内，宽度为图片大小的十分之四以内，高度为图片大小的十分之二以内。

首张主图必须为商品正面实物图，能清晰看到蓝帽子标识、商标及商品名称等信息，如图7-28所示。

第二张主图必须为保健食品标签实物图，能清晰展示商品名称、配料表、功效、适宜人群等信息，如图7-29所示。

第三张主图必须为保健食品侧面实物图，清晰展示商品的生产商等信息，如图7-30所示。

第四张主图必须为保健食品批文的大图，如图7-31所示。

第五张主图可展示商品内容物的图片或外包装其他版面的信息，如图7-32所示。

图7-28　首图

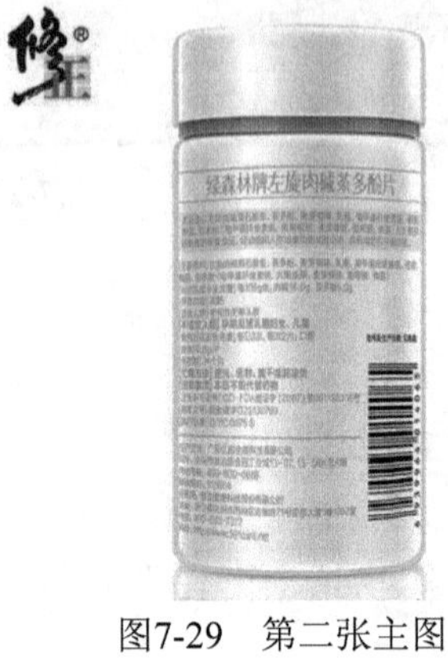

图7-29　第二张主图

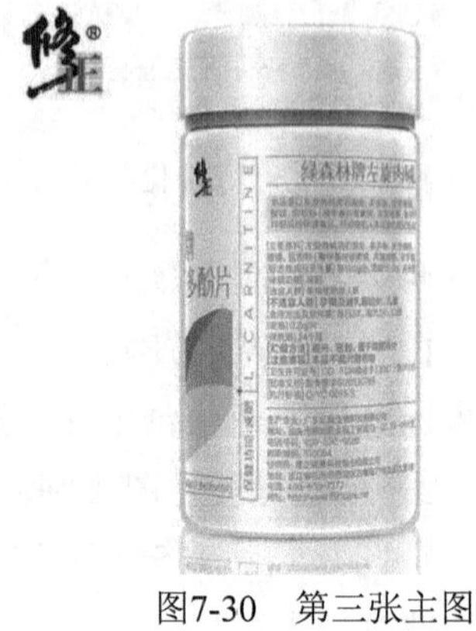

图7-30　第三张主图

图7-31　第四张主图

图7-32　第五张主图

8. 食品类商品

（1）普通食品行业范围。

本标准适用类目：零食/坚果/特产、粮油米面/南北干货/调味品、茶/咖啡/冲饮、酒类、奶粉/辅食/营养品、传统滋补营养品、孕妇装/孕产妇用品/营养类目中涉及的普通食品以及水产肉类/生鲜果蔬/熟食类目中涉及需经过加工制作的食品，但不包括上述类目的保健食品及膳食补充剂。

（2）普通食品行业主图规则。

主图图片必须达到3张以上，并且每张图片必须大于等于800×800px。

首张主图必须为实物图，图片不得拼接、不得出现任何形式的边框、留白、水印等，不得包含促销、夸大描述等文字说明，如图7-33所示。

商标所有人可将其拥有的LOGO放置于主图左上角，且LOGO大小在固定比例以内，宽度为图片大小的十分之四以内，高度为图片大小的十分之二以内，如图7-34所示。主图必须包含一张清晰可放大的食品标签实物图，进口食品必须展示中文标签实物图，主图展示位置不限，如图7-35、图7-36和图7-37所示。

图7-33　首图

图7-34　第二张主图

图7-35　第三张主图

图7-36　第四张主图

图7-37　第五张主图

9. 家纺类商品

（1）家纺行业范围。

本标准适用于床上用品，不包括蚊帐/床幔、凉席/竹席/藤席/草席/牛皮席，还适用于居家布艺一级类目下的所有商品。

（2）家纺行业主图规则。

第一张要正面全貌图，场景化背景或白底背景二选一，如图7-38所示。

第二张要拍出细节图，如图7-39所示。

第三张也可以拍细节图，体现材质，如图7-40所示。

第四张要拍出商品的标识标志，如图7-41所示。

第五张可以拍商品的包装，如图7-42所示。

图7-38　全图

图7-39　细节图1

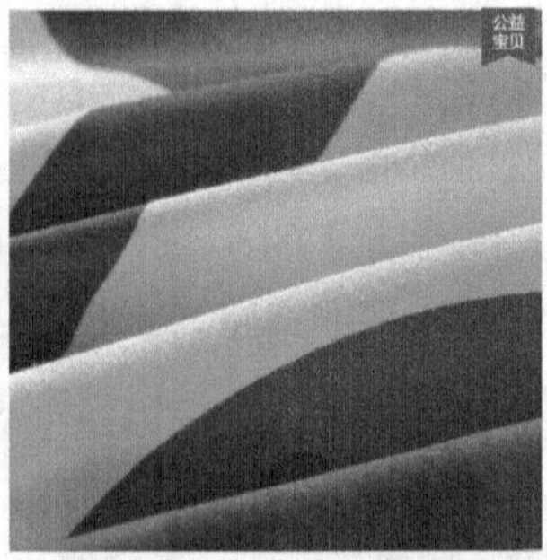

图7-40　细节图2

图7-41　标签图

图7-42　包装图

7.3.3　商品搜索主图案例分析

第一张搜索主图必须为实物图，图片不得拼接，不得出现任何形式的边框，不得出现水印，不得包含促销等文字说明，该文字说明包括但不限于秒杀、限时折扣、包邮、几折、满几送几等，如图7-43所示。

图7-43　牛皮癣案例

商标所有人可将其拥有的LOGO放置于主图左上角，且LOGO大小固定比例以内，宽度为图片大小的十分之四以内，高度为图片大小的十分之二以内，不允许出现拼接图，除情侣装、亲子装等特殊类目外，不得出现多个主体。

天猫搜索主图外的其他四张主图，除了对尺寸有要求，其他的都没有硬性要求，如图7-44、图7-45和图7-46所示。

图7-44　主图含边框

图7-45　主图有水印

图7-46　正确主图案例

以下是不合格的主图案例，如图7-47、图7-48、图7-49和图7-50所示。

图7-47　出现多个个体，并有牛皮癣

图7-48　主图出现拼接

图7-49　主图有留白

图7-50　LOGO位置摆放错误

以下是正确规范的主图案例，如图7-51、图7-52和图7-53所示。

图7-51　主图案例1

图7-52　主图案例2

图7-53　主图案例3

本章总结

通过本章的学习，了解了在淘宝开店的过程中，商品详情页是提高转化率的入口，激发顾客的消费欲望，树立顾客对店铺的信任感，打消顾客的消费疑虑，促使顾客下单。优化商品详情页对转化率有提升的作用。影响店铺商品转化率的因素有很多，但是关键因素是店铺的图片以及详情页的文案是否吸引人，其中影响转化的重要因素就是商品详情页的设计，从这点就可以知道商品详情页的图片和文案至关重要。

练习与实践

【单选题】

1. 在淘宝店铺中，详情页的设计宽度为（　　）？

A. 790像素　　B. 950像素

C. 750像素　　D. 990像素

2. 商品搜索主图的尺寸是（　　）像素？

A. 800×800　　B. 700×700

C. 750×750　　D. 950×950

【多选题】

1. 商品详情页主要包含哪几个区域（　　）？

A. 商品参数　　B. 商品属性与细节图

C. 商品实拍图　　D. 商品细节与售后

2. 商品主图制作要求有哪些（　　）？

A. 必须为5张正方形图片　　B. 5张主图的第一张为搜索主图

C. 主图不能出现水印　　D. 主图可以带边框

【判断题】

1. 商品5张主图排列顺序可以随便排列。（　　）

A. 对　　B. 错

2. 主图上的LOGO摆放是有规范要求的。（　　）

A. 对　　B. 错

3. 主图不许出现图片留白、拼接、水印，不得包含促销、夸大描述等文字说明，该文字说明包括但不限于秒杀、限时折扣、包邮、打折、满几送几等。（　　）

A. 对　　B. 错

实训任务

<table>
<tr><th colspan="2">商品主图与详情页制作</th></tr>
<tr><td>项目背景介绍</td><td>笔袋主图与详情页制作</td></tr>
<tr><td>设计任务概述</td><td>1. 主图色调与美化
2. 5张主图细节制作
3. 详情页各模块制作
4. 添加文字和其他装饰性素材</td></tr>
<tr><td>设计参考图</td><td>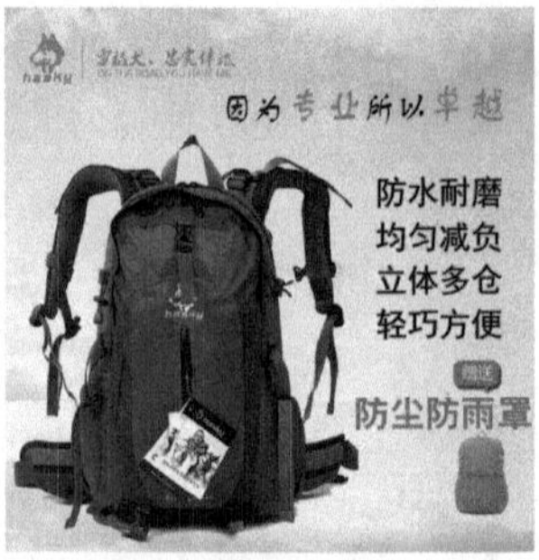

</td></tr>
<tr><td>实训记录</td><td></td></tr>
<tr><td>教师考评</td><td>评语：

辅导教师签字：__________</td></tr>
</table>

第8章 店铺优化——直通车、钻展图片设计

本章导读

- 淘宝直通车是为专职淘宝卖家量身定制的，按点击付费的营销工具，为卖家实现宝贝的精准推广。它是由阿里巴巴集团下的雅虎中国和淘宝网为了资源整合，推出的一种全新的搜索竞价模式。
- 钻石展位一般在首页有方框的醒目的地方，是淘宝的一种付费推广方式，按展现收费，就是每千次展现扣一定的费用，钻展可以迅速打响品牌，但他的转化并没有直通车高。在后台按照我要推广选择，传适宜的图到展位上面，通过竞价推广。

效果欣赏

学习目标

- 了解什么是淘宝直通车。
- 掌握淘宝直通车的作用与意义。
- 掌握淘宝直通车规则。
- 淘宝直通车设计技巧。
- 了解钻石展位的作用。

- 掌握钻石展位的投放位置。
- 钻石展位的图片设计。

技能要点

- 掌握淘宝直通车的设计技巧。
- 掌握钻石展位的图片设计。

实训任务

- 设计淘宝直通车的图片。
- 设计淘宝钻展的图片。

8.1 设计店铺专属直通车

8.1.1 直通车规则认知

1. 什么是淘宝直通车？

直通车是为淘宝卖家量身定制的，按点击付费的营销工具，实现宝贝的精准推广。淘宝直通车的推广就是通过点击店中的某个商品，让买家进入店铺，从而产生一次甚至多次的店铺内跳转流量，这种以点带面的关联效应可以降低整体推广的成本和提高店铺内的关联营销效果。简言之，直通车就是按点击收费的营销工具，如图8-1和图8-2所示。

图8-1　淘宝直通车案例1

图8-2　淘宝直通车案例2

淘宝直通车的竞价结果不只可以在雅虎搜索引擎上显示，还可以在淘宝网上充分展示（以全新的图片+文字的形式显示）。每件商品可以设置200个关键字，卖家可以针对每个竞价词自由定价，并且可以在雅虎和淘宝网上看到排名的位置。排名位置可用淘大搜查询，并按实际点击次数付费。每个关键词最低出价0.05元，最高出价是99元，每次加价最低为0.01元。

淘宝直通车将推出个性化搜索服务，即搜索同一关键词，搜索结果将根据不同消费者的特征，将商品进行个性化展示投放。

2. 淘宝直通车的特点

直通车是为实现商品的精准推广。淘宝直通车在给商品带来曝光量的同时，精准的搜索匹配也给商品带来了精准的潜在买家。淘宝直通车还给用户提供了淘宝首页热卖单品活动和各个频道的热卖单品活动，还不定期的给淘宝各类资源整合的直通车用户专享活动。具体特点如下所述。

（1）被淘宝直通车推广了的商品，只要想来淘宝买这种商品的人就能看到，大大提高了商品的曝光率，给店铺带来更多的潜在客户。

（2）只有想买这种商品的人才能看到这些广告，给店家带来的点击都是有购买意向的点击，带来的客户都是购买意向的买家。

（3）淘宝直通车能给整个店铺带来人气，虽然推广的是店中的单个宝贝，但很多买家都会通过单个商品进入店铺中去看。有时，一个点击可能带来几个成交量，这种整体连锁反应是直通车推广的最大优势，久而久之店铺的人气自然高起来了。

（4）淘宝直通车用户可以参加更多的淘宝促销活动，参加后会不定期的有直通车用户专享的活动，加入直通车后可以报名各种促销活动。

（5）淘宝直通车能给店铺带来很高的流量。

（6）直通车用户可以免费参加直通车培训，并且有优秀的直通车小二指点优化方案，迅速掌握直通车推广技巧。

直通车可以用多、快、好、省四个字来形容。

多：多维度、全方位提供各类报表以及信息咨询，为推广商品打下坚实的基础。

快：快速、便捷的批量操作工具，让商品管理流程更科学、更高效。

好：智能化的预测工具，制定宝贝优化方案时让店家更胸有成竹，信心百倍。

省：人性化的时间、地域化的管理方式，能有效控制推广费用，省时、省力、更省成本。

3. 出价技巧

直通车的出价看起来简单，但是店家常常为不知道应该出多少钱而犯愁，淘宝直通车的出价也是很有讲究技巧的，因为它是决定直通车效果好坏的关键指标之一。出价越高意味着排名越靠前，被展现的机率越多，带来的流量也就越多，但成本也越高。出价越低，成本也就越低，但是被点击的可能性就会缩小。要找到一个合适的出价点，就需要对商品的数据进行综合研究，对竞争对手的报价进行了解。

4. 出价优化策略

根据转化数据调整关键词的出价。

删除过去30天展现量大于100，点击量为0的关键词。

根据转化数据，找到成交TOP 50的关键词，提高关键词出价。

根据转化数据，将关键词的花费由高到低排序，降低转化低于2%的关键词出价。

不断优化策略后，只需一周，点击转化率将提升142%。

5. 关键词质量

对于开通了直通车的淘宝卖家来说，关键词的质量得分是很重要的，因为质量分就意味着钱，提高质量分是做直通车首要的工作。那么，质量分和哪些因素有关系呢？

第一，商品上架时所选的类目属性一定要正确、完整。比如说上架的是一款雪纺长裙，商品的属性有假两件、雪纺、印花、无袖、纽扣、拼接、长度超过126厘米、背心裙等信息，在勾选的时候一定要全部选择。这不仅是提高质量得分的基础工作，也有利于提高宝贝的自然搜索排名。

第二，宝贝标题的优化。宝贝的标题应该和类目属性具有较大的关联性，当然也要综合考虑流量大的关键词或者是热门搜索词。

第三，设置宝贝的推广标题。参加直通车的宝贝可以有两个标题，每个标题20个字，因此，一定要利用好这20个字。这20个字的内容尽量把商品关联性最大的词语放进去。比如刚才所说的雪纺长裙，是一款波西米亚风格的沙滩裙，就要把这些信息尽可能的填写进去。

第四，推广的连续性。如果只是从早上8点到晚上12点推广，且只是周一到周五的话，质量分必然是会受到影响的。因此，在零点到早上8点这个时间段，可以按照比例来设置投放，这样就不会影响到质量分了。

第五，点击率。点击率越高，质量分也就越高，因此，能够提高点击率的、有促销文字和创意的图片也是提高直通车质量得分的有利法宝。

6. 广告步骤

（1）店家想推广某一个商品时，就要为该商品设置相应的竞价词及广告推广标题。

（2）当买家在淘宝任何地方搜索了已设置的竞价词，或者点击了店铺商品类目的时候，发放的广告就会出现，会展示在搜索结果页面最上方的右侧及最下方。

（3）如果买家点了店家的直通车广告，系统就会根据店家设定竞价词的点击价格来扣费，每次点击最低0.05元。如果广告只是展示，没人点击，是不计费的。

7. 按点击付费

按点击付费是当别人搜索到店铺广告的时候，点击进去后才收取费用，一次最低0.05元。只有点击了商家的广告才收费，其他途径点击到的商品是不收费的。直通车没有任何服务费，第一次开户预存500元，全部是商家的广告费，当商家开始做广告后，点击费用就从这里面扣除。

8. 展示

直通车在淘宝网上出现在搜索宝贝结果页面的右侧（12个单品广告位，3个页面推广广告位）和宝贝结果页面的最下端（5个广告位）。搜索页面可一页一页往后翻，展示位以此类推。展现形式是“图片+文字”或“标题+简介”。

（1）其他的展现位有“已买到宝贝”页面中的掌柜热卖，“我的收藏”页面中的掌柜热卖，“每日焦点”中的热卖排行，“已买到宝贝”中的物流详情页面。

（2）直通车活动展示位有淘宝首页下方的热卖单品和各个子频道下方的热卖单品等。

（3）天猫页面下面的直通车展示位是通过输入搜索关键词或点击搜索类目时，显示在搜索结果页面最下方的“商家热卖”的位置，展示位以此类推。

9. 活动

淘宝直通车系统里有一个淘宝活动区，在那里可以报名参加各种淘宝促销活动。基本的流程在后台报名的入口，并有参加活动商品的要求，一个活动卖家最多可以报名一个商品参加。审核的淘宝店小二会从所有报名的商品中，挑选出最适合参加活动的商品。审核结束后，淘宝店小二会单独通知被选中的卖家，让做好活动准备。店家可以持续关注直通车系统里淘宝活动区的活动，里面有很多活动，一定可以找到适合本店铺的活动。

直通车用户可以参加淘宝的更多促销活动，其中有不定期的直通车用户专享的活动，如淘宝单品促销的活动。

10. 扣费公式

扣费=下一名出价×下一名质量得分/本人质量得分+0.01元（扣费小于等于本人出价

和时间投放百分比之积）。

8.1.2 直通车图片设计技巧

开直通车最直接的目的就是吸引消费者的点击。吸引消费者，光看不点击没用，最主要的是商品的一张图片能与消费者产生共鸣，让消费者主动点击。可以通过以下三个方面来设计直通车。

1. 商品卖点明确

大多设计者都知道少即是多的设计原则，可是在做直通车图片的时候经常让表达信息过多，引起适得其反的效果。其实，一张直通车图能够有一个很好的卖点与消费者产生共鸣就够了，其他的信息可以简化。

2. 商品文案突出

卖点可以直接通过商品图片或商品创意图片来展示。当商品图片或是创意图片不足以简洁、准确地传达卖点信息时，通过精炼有创意的文案、辅助商品图片更好地传达商品卖点就尤为重要了。

3. 商品的视觉差异化

视觉差异化可分商品图片差异化、拍摄创意差异化、直通车图设计排版差异化、卖点文案差异化，有别于其他同类商品的直通车图。脱颖而出以此来吸引消费者。

接下来通过两个案例来分析直通车的设计技巧。

案例一：男式羽绒服直通车设计技巧，如图8-3所示。

图8-3 男式羽绒服直通车设计案例

● 卖点明确

卖点是“无畏严寒”，整张直通车图片的背景、颜色营照出寒冷的氛围，飘落的雪花暗示羽绒服的御寒保暖效果。

● 文案突出

主题文案“无畏严寒”简洁明了的突出卖点，“爆款羽绒服”强调了这款羽绒服是热卖款。

● 视觉差异化

在排版与设计形式看有别于同类产品的直通车图片，飘落的雪花让静止的画面有了灵动的效果。整个背景没有采用常见大红大紫的颜色背景，用白色调的雪地场景突出羽绒服的无畏严寒。

案例二：护肤品直通车设计技巧，如图8-4所示。

图8-4　护肤品直通车设计案例

● 卖点明确

卖点是“补水”， 商品是保湿乳液，一眼就知道不是美白的而是补水的。整张直通车图片从商品图片到商品文案都围绕卖点“补水”来展开。

● 文案突出

文案“补水保湿，八倍水嫩”以夸张的语言形式，面积与颜色的对比，突出商品卖点来吸引消费者。

● 视觉差异化

整个直通车在商品与背景，文案字体大小，促销文案颜色等方面对比突出。

8.1.3　直通车案例分析

1. 利益引诱

用降价促销方式来吸引顾客，通过更多的利益来引诱买家，体现价格上的绝对优势，如图8-5所示。

图8-5　淘宝直通车利益引诱设计案例

2. 款式吸引

主图充分且全面展示商品，不靠繁琐的文案，从宝贝的款式上吸引顾客，如图8-6所示。

图8-6　淘宝直通车款式吸引设计案例

3. 材料功能

文案上突出商品的材料优势，适当放大商品的独特功能，通过独特的功能或材料来吸引买家，如图8-7所示。

图8-7　淘宝直通车材料功能设计案例

4. 概念诱导

把商品通过夸张放大的方式推广出去，突出商品的新概念和亮点，只要买家接受就算成功，如图8-8所示。

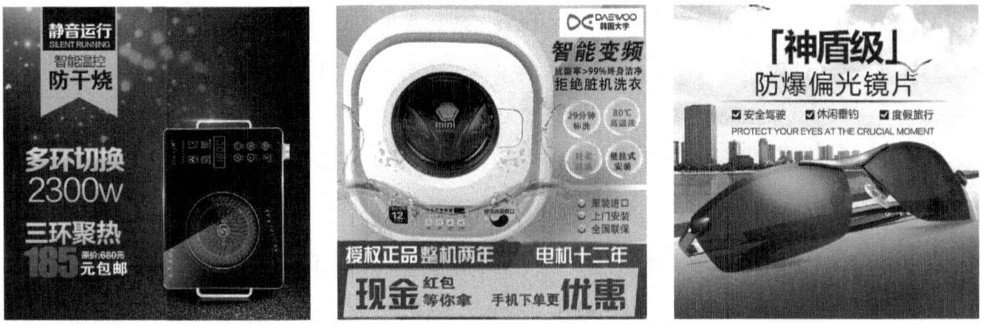

图8-8 淘宝直通车概念诱导设计案例

5. 情感归属

通过情感来划分消费群体，如明星同款、限量版，利用心理暗示向买家传达只要拥有了此类商品就成功或牛气的感觉，如图8-9所示。

图8-9 淘宝直通车情感归属案例

6. 创意设计

将有创意的图片和有创意的文字相结合，给消费者不一样的有个性或独特的感觉，以此来吸引追求独特的顾客，如图8-10所示。

图8-10 淘宝直通车创意设计案例

8.1.4 直通车展示位置

淘宝网页在搜索框搜索关键词，点击搜索按钮后进入的页面就是推广位的商品。在搜索页面右边和最下面的右侧，有8个竖着的展示位，页面底端横着5个展示位。每页展示13个宝贝，右侧展示1～8位，下面展示9～13位，搜索页面可一页一页往后翻，展示位以此类推。

天猫关键词或类目搜索页面的最下面有5个商家热卖展示位，该展示位只展现天猫用户。

1. 单品推广位

单品推广位只能是推广单个商品，点击后直接链接到商品描述页。出价越高搜索排名越靠前。直通车的图片尺寸最大是800×800px（放大效果），正常是310×310px。

2. 店铺推广位

店铺推广位顾名思义是推广店铺的直通车位置，点击链接进入店铺首页。店铺直通车的图片尺寸是210×350px。

3. 规则要求

规则一：参加活动的掌柜建议将商品图片改为白底，必须是无边框、无水印、无细节图，要居中放。

规则二：图片主题明确，凡报名参加活动的商品允许其他物品作为陪衬，但是陪衬物品不能掩盖商品的主题。

规则三：报名宝贝不能为明显代言穿着拍摄图片。

规则四：内衣类商品图片可以真人穿着展现，但是图片必须符合淘宝网发布的规则。

8.1.5 影响直通车综合排名质量得分的维度

影响直通车综合排名质量得分的维度主要有以下几个方面。

关键词：添加关键词时，请选择和商品所属类目、属性和标题相关的关键词，这样质量得分上会有较高的分值。

商品信息：商品本身的类目、属性、标题、图片、详情页等信息和买家搜索意向要相符合。例如：把商品放在最相关的类目进行推广，遵守淘宝商品的发布规则。上传商品时，认真填上相关属性，当商品属性和买家的搜索需求越吻合时，质量得分就越高，所以属性填得越全，商品总体质量得分越高。

商品标题与图片：有吸引力的标题和有个性的图片会增强商品本身的吸引力。

客户反馈的信息：推广后，客户反馈的信息和使用者的感受等信息对后面的销售作用非常大。

8.1.6 优化的十二条直通车规

优化的直通车规主要有下面十二条。

（1）必须懂得并重视类目属性和质量得分。
（2）必须知道热门关键词作为参考并借鉴。
（3）必须懂得运用大量长尾关键词的投放。
（4）必须明白排名位置和买家点击的关系。
（5）必须优化在销售量和高转化率再投放。
（6）必须明确直通车是为了销量还是流量。
（7）在财力有限情况下必须聚焦数个商品。
（8）必须策划一个爆单品八百关键词案例。
（9）必须双手抓住类目和关键词不能松懈。
（10）必须跟踪转化率和回报率并先做测试。
（11）必须根据自身情况的分时段和分地区。
（12）必须结合直通车再做相应的推广活动。

8.1.7 提高直通车点击率的视觉优化策略

1. 形状规范

形状规范就是长方形、边框上面的规范，也有对图片内容里面标签的规范。比如用圆形的符号，有些可以尝试做一些，但是不能过度。关于形，还有一种就是锐化和模糊，锐化能使形变得更加清楚，模糊能使场景显得更有层次感。也就是说，为了突出宝贝，可以把不必要的内容进行模糊处理。这样就可以形成对比，达到突出宝贝的效果。关于形状，水滴形标签或圆形标签或脚形标签都可以用，但是千万不要过度。这也是形状规范中的一种。

2. 色彩呼应

相似色配色容易出现一些问题，过于相似会导致背景和商品的粘连。对比色要是用的好的话，就会达到很好的效果。

3. 文案简明

那些靠堆砌、没有组织、非常杂乱的文案会降低商品的品牌效应。

文案图片要清晰、风格统一，强调品牌。

在直通车图上，有时会看到很大牌的服装，但是没有logo。商品如果没有品牌或店铺品牌，客户可能就没有兴趣点进去，相反带有店铺品牌的，又是有知名度或曾经熟悉的，就会点进去看一看。

4. 毫无经验的新手卖家不要盲目开车

众所周知，直通车是一种烧钱的广告模式，在决定开通之前最好先了解其内容，如直通车如何计算质量得分、如何选择直通车的关键词、如何出价、如何提高点击率、如何提升转化率等等。没有任何准备就盲目开通直通车，只会白白地浪费银子。

5. 图片不好看的商品不要参加直通车

在直通车的推广中，图片是获得点击率的最重要因素。图片不好看或者模糊不清，都没法吸引买家的关注。没有关注就没有点击率，没有点击率就没有流量，没有流量就等于没有销量，开直通车也就没有什么效果。

6. 价格太高或太低的产品不适宜开直通车

价格太高的商品开直通车，其转化率肯定不高；价格太低的产品，容易引起买家对其质量的怀疑。所以，选择参加直通车推广的商品价格要适中，这样才能保证投入和产出成正比，用利润换回广告费用。

7. 没有销量的商品不适宜开直通车

没有消费者会喜欢卖得不好的商品，参加直通车的商品性价比越高，销量越好，转化率就越高。

8. 中小卖家不要争夺热门关键词

关键词的热度越高、流量越大，其竞争也会越大，需要花的钱也就越多，中小卖家是无法承担的，所以不要盲目地争夺那些热门关键词，锁定长尾词是个不错的选择。

8.2 店铺优化之钻展图片设计

8.2.1 什么是钻石展位

钻石展位简称钻展，是淘宝网图片类广告位竞价投放的平台，是为淘宝卖家提供的一种营销工具。钻石展位依靠图片创意吸引买家点击，获取巨大流量，是按照流量竞价售卖的广告位。计费单位为CPM（每千次浏览单价），按照出价，从高到低进行展现。卖家可以根据群体（地域和人群）、访客、兴趣点三个维度设置定向展现。

钻石展位是专为有更高推广需求的卖家量身定制的产品。精选了淘宝最优质的展示位置，通过竞价排序，按照展现计费。钻石展位性价比高，更适于店铺、品牌的推广，但对于中小卖家来说不太适合。

钻石展位还提供数据分析报表和优化指导。品牌展位版是基于淘宝每天6000多万访客和精准的网络购物数据来帮助卖家更清晰地选择优质展位，更高效地吸引网购流量达到高曝光、高点击的传播效果。钻石展位为卖家提供近200多个淘宝网内最优质的展位，包括淘宝首页、内页频道页、门户、帮派、画报等多个淘宝站内广告位，每天拥有超过8亿的展现量，还可以帮助客户把广告投向站外，涵盖大型门户、垂直媒体、视频网站、搜索引擎、中小媒体等各类媒体展位，如图8-11所示。

图8-11　钻石展位海报案例

8.2.2　钻石展位的特点

1. 智能优化

智能优化版是以实时竞价为核心的全网竞价产品，是高效的跨媒体流量中心，导入更多优质的全网流量，每个流量被明码标价，系统通过兴趣点定向、访客定向和人群定向，通过技术使流量与广告主进行有效匹配。卖家只要提交需求，系统将智能化地匹配到更精准的人群，有效地提升广告主投放的点击率和投资回报率。

2. 范围广

钻石展位覆盖全国80%的网上购物人群，每天超过15亿次展现机会。

3 .目标定向性强

钻石展位可定向展现给21类主流购物人群，直接生成订单。

4. 实时竞价

投放计划随时调整，并实时生效参与竞价。这个特点适合热卖单品，季节性单品，也适合想要打造爆款，通过一个爆款单品带动整个店铺销量的卖家，还适合需要长期引流，并不断提高单品页面转化率的卖家。

8.2.3 钻石展位设计要求

钻石展位的设计图片都是有要求的，不能随便设计，具体要求与大小尺寸都有具体要求。

1. 淘宝钻石展位设计要求

（1）PC端首页焦点图尺寸为520×280px，图片大小不能超过80K。

（2）手机淘宝首页焦点图尺寸为640×200px，图片大小不能超过72K。

（3）淘宝首页焦点右侧小图尺寸为170×200px，图片大小不能超过26K。

2. 淘宝钻石展位的图片要素

（1）拍摄要点：拍照时手要稳、构图要合理、不背光、忌焦距过远、要求图片清晰、拍摄的照片要方便后期处理。

（2）Logo：制作淘宝钻展图片时要记得添加店铺的logo和名称信息。

（3）促销文案：以创意为主，或以促销和价格优势为主。

（4）设计：设计时要注意色彩搭配、文字排版、布局。

3. 广告位的要求

普通站内展位（淘宝平台上钻石展位的所有广告位中，除优质展位外的其他广告位）不支持非淘宝网或天猫卖家的用户投放。

（1）普通站外展位（其他合作网站所有钻石展位广告位中，除优质展位外的广告位）符合用户管理要求的用户均可投放。

（2）优质展位（如淘宝首页焦点图、微博等展位），由淘宝单方确定。

4. 做好钻石展位的注意事项

（1）要有创意的图片。

（2）熟悉竞价技巧，尤其是如何定向获取精准流量。新店铺根据自己的情况，通过小额测试，先核算好点击成本，找到自己的门路，再加大投入。

8.2.4 淘宝钻石展位图片的要求

一个钻石展位位置的投放，前期要经过很多的数据分析及投入产出比值预算才能把广告位给定下。毕竟是花钱做的广告，若没有足够的把握能带来效益，商家也不会贸然行事。因此，在这钻石展位广告投放前，钻石展位的图片要求也十分严格，从投放的目标到创意制作过程，要考虑到很多的东西。

1. 钻石展位投放初级目标——主题

（1）品牌——传达品牌理念。

店铺要想快速打造品牌，可以利用名人效应，签约模特——突出品牌定位和个性，像裂帛、七格格这样的店铺，他们的模特能让人直接联想到他家的品牌。小众品牌在设计方面可以向与自身店铺定位相似的品牌靠拢。

（2）促销——新品折扣告知、清仓促销。

钻石展位的投放很多时候是为了在短时期内大量引入流量，制作图片需要商品的素材配合店铺的活动方案。一般的活动可以从价格优势、包邮、时间限制、视觉冲击几个方面考虑。

在钻石展位的广告投放前，前期的准备一定要充足，如店铺内的关联及备货等。

（3）单品——打造爆款、以点带面。

根据热卖的单品或季节性商品打造爆款，达到以点带面的效应。

（4）节日——依托节日做活动。

借助各种传统的、非传统的节日，增大活动宣传力度，如父亲节、母亲节等。

2. 钻石展位图片要有创意

（1）文案，也就是商品的卖点。

文案关键词的设置要摆放到位。如关于商品信息、折扣促销等信息。

文案的字体及颜色也有要求，字体尽量保持在1~2种内，在不影响辨识度的情况下，小字号显得精致、高品味。

广告图的文案要从受众、目标、 收益三个方面考虑。只有了解了用户的想法，抓住了用户的心理，了解了用户的兴趣点，才能给用户灌输本商品的理念。

（2）商品图，这也是吸引顾客的一大卖点。

要想顾客产生购买商品的冲动，在制作商品图时一定要突出商品的卖点，图片排列要有序，并且将其进行富有创意的组合。

（3）钻石展位广告的主题风格。

确定广告的主题风格，与店铺风格相对应，使其符合商品或店铺的风格。

（4）钻石展位广告的布局。

广告的整体布局可以选择几何环绕型、左右分割或者商品图中间夹杂文案等形式。

3. 钻石展位图片要求

（1）由于淘宝网首页不允许出现FLASH广告，所以只能用JPG格式或者GIF格式的图片，图片中的字体建议使用方正字体、宋体、黑体。

（2）所有投放广告中的素材必须要清晰，不然会影响视觉效果，还会降低点击率。

（3）广告素材要求无边框，无阴影。由于动态效果的图片会影响页面打开的速度及顾客的体验感，因此在广告素材方面建议做成静态图。

（4）广告图片中严禁出现鼠标的手型、箭头等形状。

（5）图片严禁出现假分页、翻页，严禁出现视频模式。

（6）图片不能出现杂志、媒体、明星推荐、OS认证等字样。

（7）图片严禁出现拼接形式，不得出现白色竖条。除非有授权，素材创意中禁止出现旺旺表情、QQ表情等的图片。禁止使用未经授权的图片、明星、模特。禁止出现聚划算（包括巨划算）、商城logo的淘宝官方活动的字样和形式。

（8）创意中不能出现月销千件，全网最低、淘宝销量第一、销售冠军、热荐、顶级等类似词语，不得以淘宝名义进行宣传或虚假描述和给用户造成误导的字眼。严禁出现静脉曲张字样；创意设计避免恶俗、色情等元素；严禁利用恭喜、领取等形式作推广；不能借用当前热点事件进行推广；推广图片内容不得与链接页面不符；避免在同一时间同一页面同时出现店中的广告，如果出现二次就会拉进黑名单。

4. 钻石展位图片链接页面的注意事项

（1）链接页面不能出现原单、外贸、出口、专柜正品、淘宝推荐、销售第一等字样，高仿商品不能有品牌名称和LOGO。

（2）链接页面（包括左侧导航）不能出现减肥、丰胸、瘦身、保健品等商品。

（3）化妆品、品牌商品在淘宝首页推广需提供授权和资质，若资质不齐全建议在其他页面进行推广，且隐藏品牌名称和logo。

（4）钻石展位图片链接的页面内容必须是能链接到淘宝网的店铺或者单品页面。若经审核通过后，又擅自修改链接造成的侵权行为，卖家要负全责，淘宝也会封杀卖家的账号。

（5）对于效果对比图片的化妆品也是严格禁止出现的（除粉底BB霜以外）。

（6）严禁出现模仿聚划算团购的形式。

8.2.5 如何提升钻石展位点击率

钻石展位是按照展现次数来计费的，推广图片不展现是不会收取费用的，CPM单价是根据竞拍成交价来计算。比如，花一块钱竞得了1个CPM，就意味着推广的图片将被展现一千次，展现后，需要支付1元钱（CPM：千次浏览单价）。想要查看自己的钻石展位推荐位可以登录钻石展位后台，点击展示位资源，所列出的就是钻石展位所有的广告位，商家可以通过点击不同的标签页来选择广告位，每个广告位都可以点击“查看展位”进入广告位所在页面。

1. 促销型

促销型素材就是直白地告诉消费者促销信息，迅速吸引其产生购买行为。适合在大促期间使用，以及定向注重折扣的人群，如DMP定向里注重折扣力度的用户。促销型也分不同的方向，各有不同的目的和策略。具体有以下几点。

（1）讲折扣。

打折是最直白的促销，比如，全店折扣很低，或者其中有一款商品折扣很低，可以宣传“几折起、最低几折起、低至几折”。如果店中大多数商品折扣力度一般，但是有个别商品价格很低，就可以宣传“低至几元、全店几元起”。如果折扣力度不大，也没有低价位商品，就可以宣传“立省几元”，比如有的商品原价500元，8折出售是400元，宣传8折给人的感觉力度不大，但是宣传立省100元的吸引力会大很多。

简单粗暴型，好处是简洁明了，对于注重折扣的人非常有吸引力，但是如果每天都宣传折扣，时间长了，必然导致视觉疲劳，购买欲望下降，影响点击率。此类营销手段建议大促期间使用，平时慎用。

（2）讲赠品。

如果以上打折方法都行不通，但是购买商品有很多赠品，也能吸引顾客。

比如美妆类目可以因买某件化妆品送一盒面膜（8片左右），还有小样等其他东西，加起来有十来样左右，在宣传时就可以说“买一赠十”。设计排版时候要注意，赠品不能堆砌在一起，要做成平铺的效果，占到50%～60%的版面，这样更会让消费者感觉很划算。

突出免费送和送的数量，最好再配上“今日抢购”这样的字眼（仅限今日是不可以的，但是“今日抢购”或“立即购买”这些是可以的），目的在于让消费者感觉占了很大的便宜，同时又怕现在不买会错过。这类促销很容易吸引顾客点击并且形成转化，适合那些买东西比较纠结的用户。这个方法也适合直通车的推广。

（3）讲销量。

如果没折扣没赠品，怎么办？如果商品是爆款，那就可以强调销量。在这里，商品一定要是爆款，最好是月销上万套；如果月销售额不高的，那就看累计销售量。月销售量不需要提交资质，累计销售量可以在已出售宝贝中将累计销量数据截图，后台提交资质审核，通过后就能用了。总之一定要想办法让销量数字提升，这样才会让消费者认为商品非常好卖，大家都买了，所以买我们的一定没错。建议用主标题（销量）+副标题（促销）的形式写促销文案，销量配合折扣，消费者更容易被打动，点击率和转化率都会非常可观。

（4）讲活动。

店铺上活动的时候，极力突出活动的影响力，如聚划算、周年庆等。以前聚划算给力的时候，一个聚划算logo就能提高10%的点击率。建议用主标题（活动信息）+副标题（促销力度）的形式。

大型活动本身给人的感觉就是一定会有大力度的折扣，有大力度的折扣就很容易引起冲动型购买。此类人群的忠诚度不高，他们是冲着本次的优惠才购买的，如果下次的优惠力度没有本次大，那么很有可能不会购买。所以此类促销手段也只适合活动期间使用。

2. 品牌

品牌宣传的素材适合做自有品牌的店铺，增加品牌知名度，这是一个长期累积的过程。

（1）口号。

一个口号，反复出现，强调自己的品牌定位，在消费者头脑里树立起固有的品牌形象。如御泥坊，“我的御用面膜”；阿芙，“阿芙，就是精油”。设计不停变化，但这句文案永远不变。

（2）视觉。

视觉跟口号是相对应的。口号与文案保持一致，视觉是要在设计风格上保持一致。所有钻石展位的素材在视觉上要保持一致性，或者某一个元素很能代表自己的风格，这个元素就会出现在所有的素材上。消费者一看到这个颜色或元素，就能联想到这个品牌。比如阿芙的紫色和小女孩形象，一看到就想到阿芙。所以之前有一家品牌（名字忘了）的素材也用紫色，非常像阿芙的风格，让人误以为是阿芙，从而诱骗点击。 视觉跟口号都是一个需要长期积累的过程，烧钱很厉害，店家需要掂量一下自己的钱包。

（3）正品。

网购的东西是不是正品，这是买家经常关心的问题，只要解答了他们这个疑问，那就很有可能带来交易，所以突出品牌的正品形象非常重要，尤其是旗舰店非常适合做这类素材来打击同类专卖店。正品可以通过两种方法来表达，一种是整张素材就讲我是正品，并有专门的正品页面承接流量，告诉消费者我的商品为什么是正品，告诉消费者如何辨别真伪，给消费者洗脑。另一种方法适用于旗舰店，就是在所有素材的logo后面跟上“旗舰店”3个字，树立自己的官方形象。

3. 功效

如果商品的品牌优势不明显，折扣力度也不大，但是商品功效很有特点，那就适合做此类素材。消费者购买商品有二种方式，第一种是基于商品需求去选择品牌；第二种是基于品牌爱好购买商品。第一种，比如天冷了要买羽绒服，羽绒服是消费者的需求，再去各个品牌间进行比较，选择自己喜欢的一款购买。第二种是消费者比较喜欢某个品牌，在想买羽绒服的时候，就直接去这个品牌买了，不会考虑其他的品牌。

整体来说，基于商品需求选择品牌的人远远大于基于品牌爱好购买商品的人，这就为功效型广告创造了条件，因为功效代表的是一个类目，在这个类目的大池塘里竞争，要有足够多的流量，能够打造爆款。这种形式适合品牌知名度较低的店铺。

如何表现功效？放大细节和具象图片胜过抽象文字。下图本身没有太大的亮点，其最大的亮点是衣服里面毛绒的细节图，一看就知道这件衣服是毛绒的，非常暖和，让人立刻联想到冬天来了，需要一件这样的衣服来御寒，所以很容易吸引点击。试想，如果这个加绒的卖点是用文字来表达，不配细节图，表现力就会弱很多，如图8-12所示。

图8-12　钻石展位海报案例

4. 创意

创意是一个比较虚，且难以评判的东西，但是好的创意一定可以让人眼前一亮。创意分为侧重文案和侧重设计两种。

（1）文案创意。

文案创意的关键不在于写得多华丽，而在于写出消费者的内心，能引起共鸣。

下图的亮点是文案，“半月工资能买啥？”

半月工资首先很有概念，其次“能买啥”可以激起我们的好奇心。半个月工资不算多，到底能买什么？能主动激发我们去思考，再配上家具的图片，就很想点击进去一看究竟，如图8-13所示。

图8-13　钻石展位海报案例

下图的亮点在于文案标题，“懒女人≠丑女人”。

在传统观念里，没有丑女人，只有懒女人。这句话颠覆了我们对传统的认知，一眼就勾起了人们的好奇心，再配合副标题“谁说偷懒不能变得又白又亮”。从女人的角度来讲，能又白又亮又省时间是一件非常好的事情，所以会让人很想点击进去看看是怎么回事，如图8-14所示。

图8-14 钻石展位海报案例

（2）设计创意。

平时做素材的时候，都是一个文案，要做好几个版式设计，有的只更换背景色，有的用不同画面去表现，然后去测试哪种组合最好。测试下来发现，以黄色为底色的点击率明显高于红色底色的，这样就知道以后的素材尽量避免红色底色。设计的创意很难去说，主要得看设计师的表现力。

一般一个文案建议做至少二个版本的设计，一个普通版本把需要讲述的内容讲出来即可。另一个创意版本，发挥创造力去设计。这样，即使创意版本失败了，还有普通版本的可以用，是一个安全的做法。

最优秀的创意应该是文案跟设计融为一体，抠出来任何一部分看起来都比较平淡，但是融和在一起就会很有创意。在写文案的时候最好是脑子里已经有了设计的模型，再交给设计去做，告诉设计怎么样去表现出来。这一块是比较难的，没有什么诀窍，需要平时多看、多思考、多尝试。

总结：提高素材点击率，关键还是要靠平时多思考、多尝试、多总结，如此循环，形成一套适合自己店铺的方法。

本章总结

通过本章的学习，了解了在淘宝开店的过程中，淘宝直通车与钻石展位的重要性对直通车与钻石展位图片设计的规则有一定的认识，可以熟练设计符合店铺要求的直通车与钻石展位图片。掌握了如何提高直通车与钻石展位图片的点击率及优化直通车与钻石展位图片来提升店铺的流量及转化率的方法。

练习与实践

【单选题】

1. 下列哪项不属于直通车的展示位置（　　）？

A. 单品推广位

B. 店铺推广位

C. 淘宝首页平台

D. 宝贝推广展示位

2. 钻石展位设计要求不包括哪项（　　）？

A. 尺寸

B. 图片

C. 广告位

D. 产品

【多选题】

1. 钻石展位的特点有以下哪几项（　　）？

A. 智能优化

B. 范围广

C.目标定向性强

D. 实时竞价

2. 提高直通车点击率的视觉优化策略有哪些（　　）？

A. 文案简洁明了

B. 没有销量的产品不适宜开直通车

C. 色彩搭配合理

D. 中小卖家要争夺热门关键词

【判断题】

1. 直通车是为淘宝卖家量身定制的，按点击付费的营销工具，实现宝贝的精准推广。（　　）

A. 对　　　　B. 错

2. 钻石展位是按照流量竞价售卖的广告位。（　　）

A. 对　　　　B. 错

3. 钻石展位的设计图片没有太大的要求，可以根据个人喜爱随便设计。（　　）

A. 对　　　　B. 错

实训任务

<table>
<tr><th colspan="2">商品主图与详情页制作</th></tr>
<tr><td>项目背景介绍</td><td>设计店铺手表直通车与钻展图片</td></tr>
<tr><td>设计任务概述</td><td>1. 直通车与钻石展位图片尺寸的设计要求
2. 设计要主题突出，有创新与吸引力
3. 色彩搭配合理，符合行业规范
4. 文字和其他装饰性素材搭配整体效果要美观</td></tr>
<tr><td>设计参考图</td><td></td></tr>
<tr><td>实训记录</td><td></td></tr>
<tr><td>教师考评</td><td>评语：

辅导教师签字：____________</td></tr>
</table>

第9章 初始代码

本章导读

- 电商的发展带来了一个新兴行业——淘宝美工，美工到设计师的路上，不得不面对的问题就是代码！不少美工可谓谈代码则色变，这是硬伤啊！！代码其实很简单，零基础一样能玩转淘宝代码。从本章开始将让刚刚入行的淘宝美工不再为代码而犯愁，轻轻松松通过自定义装修完成页面。
- 本章将详细介绍网店装修当中常用的一些基础代码，这些都是网店学习过程中最基本的内容，学习者应熟练掌握。

效果欣赏

学习目标

- 认识淘宝常用代码。
- 学会常用代码标签的使用。

技能要点

- 对淘宝常用代码的认识。
- 了解代码标签的属性。

实训任务

- 制作table表格。
- 编写文本段落代码。

9.1 认识常见的网店装修代码

本节将详细介绍网店装修当中常用的一些基础代码。这些都是网店装修学习过程中最基本的内容，学习者应熟练掌握。

9.1.1 HTML概念

HTML是标签、标记，是用来描述网页的一种标记，它不是编程语言。

HTML标记分为标记和双标记。

单标记就是没有结束标记的，比如
换行符。

双标记就是有结束符号的，是成对出现，例如：<table></table>表格，<ul></ul>列表。

注释：代码必须小写，而且所有标记必须有关闭符号"/"。

9.1.2 常用代码标签

1. <table>表格标签

<table>表格标签是成对出现的双标记，<table></table>。

基本结构

<table></table>定义表格。

<tr></tr>定义表格的行。

<td></td>定义单元格。

注意：<thead>、<tbody> 以及 <tfoot> 很少被使用，这是因为浏览器的支持问题，像<tbody>现在可以自动生成了。

<table>标签的属性和用途，如表9-1所示。

表9-1 <table>标签的属性和用途

属性	用途
`<table bgcolor="">`	设置表格的背景色
`<table background="">`	设置表格的背景图片
`<table border="">`	设置表格的边框，不设置默认为0
`<table cellpadding="">`	设置表格单元格边框与内容之间的大小，默认为2（表格间距）
`<table cellspacing="">`	设置表格单元格间距，默认为2（单元格间距）
`<table bordercolor="">`	设置表格的边框颜色
`<table align="">`	设置表格的对齐方式

续表

<table width="">	设置表格的宽度
<table height="">	设置表格的高度，建议不用设置高度，系统会根据内容自动调整高度

<table>标签的写法。

```
<table>
<tr>
<td></td>
</tr>
</table>
```

<tr>标签的属性和用途，如表9-2所示。

表9-2 <tr>标签的属性和用途

属性	用途
<tr width="">	设置行的宽度
< tr height="">	设置行的高度
< tr bgcolor="">	设置行的背景色
<tr align="">	设置水平对齐方式（left/right/center）
<tr valign="">	设置垂直对齐方式（top/middle/bottom）

<td>标签的属性和用途，如表9-3所示。

表9-3 <td>标签的属性和用途

属性	用途
<td width="">	设置单元格的宽度
<td height="">	设置单元格的高度
<td bgcolor="">	设置单元格的背景色
<td align="">	设置单元格的水平对齐方式（left/right/center）
<td roswpan="">	设置行合并数目
<td colspan="">	设置列合并数目
<td valign="">	设置垂直对齐方式（top/middle/bottom)
<td background="">	设置单元格背景图片

2. 常用标签——<a>标签

超链接标签<a></a>是比较常用的标签，常用的属性是href和target。在表格里一般用在单元格上，就是点一下有链接的地方。

```
<a href= “链接” target= “ ” ></a>
```

target 的属性值，如表9-4所示。

表9-4 target 属性值

值	描述
_blank	在新窗口中打开被链接文档
_self	默认在相同的框架中打开被链接文档
_parent	在父框架集中打开被链接文档
_top	在整个窗口中打开被链接文档
framename	在指定的框架中打开被链接文档

target属性一般常用的是“_blank”值，在新窗口打开，代码演示如下所示。

```
<a href= “链接地址” target= “_blank” ></a>
    <a href= “www.taobao.com” target= “_blank” >我是一个链接</a>
```

在浏览器中的预览效果，如图9-1所示。

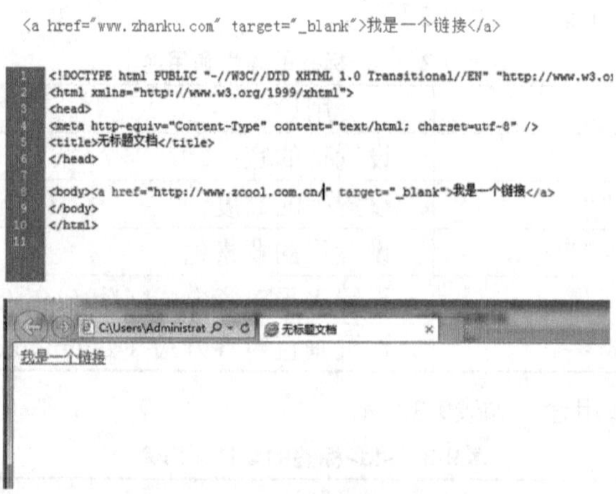

图9-1 预览效果

3. 常用标签——<p>标签

<p>标签代码如图9-2和图9-3所示。

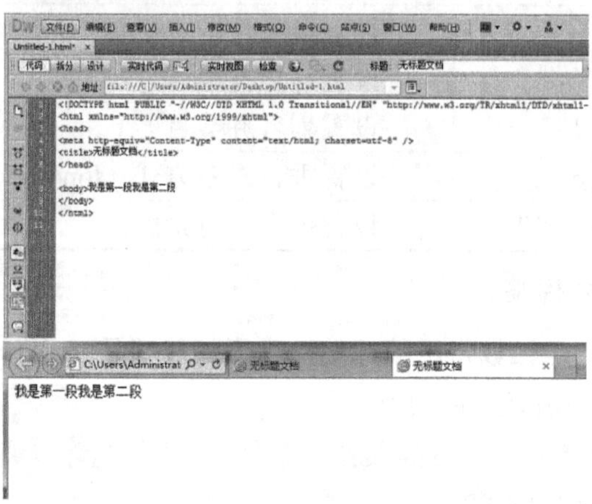

图9-2 <p>标签代码1

图9-3 <p>标签代码2

4. 常用标签——<h>标签

<h>标签分为h1、h2、h3、h4、h5、h6，用法及显示效果如图9-4所示。

图9-4 <h>标签

5. 常用标签——<font>标签

<font>……</font>是文本定义标签。

如：用color="#000" 定义颜色，用size="+1" 定义字号。

9.2 table表格应用案例

9.2.1 用table绘制简单表格

STEP1 输入一个简单的三行三列代码，这里用Dreamweaver中的插入工具插入表格，如图9-5所示。输入相应的信息， 会写代码的可以直接写代码。输入代码后，把边框、间距、内容与表格的间距都设置为0，那右边显示的是没有边框的表格，如图9-5所示。

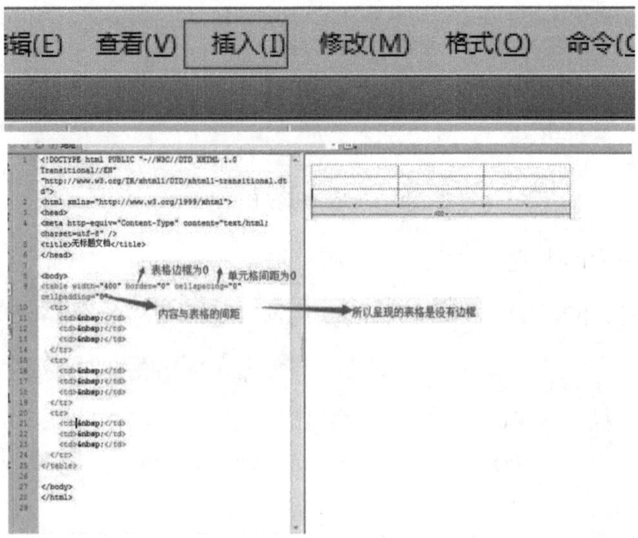

图9-5　输入信息

STEP2 设置表格边框属性为1，其余不变，这时候看右边的视图，边框默认为黑色的，其实边框不是为1的，比较粗，实际显示是2个像素的边框，如图9-6所示

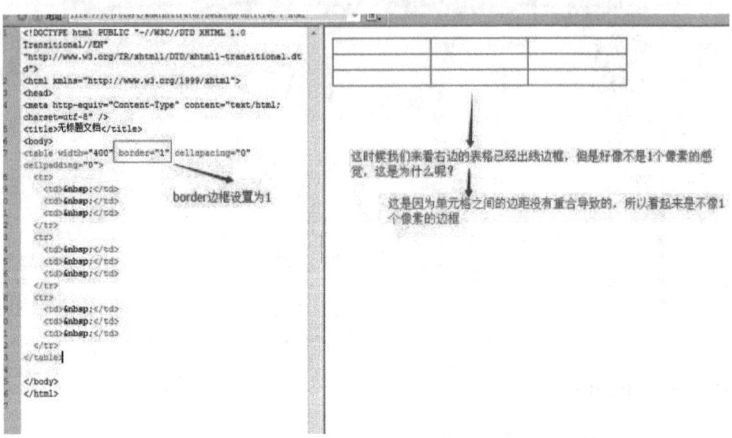

图9-6　设置表格边框属性

STEP3 解决边框问题，绘制为1像素的细线表格可以加一段样式，大家先记住这段代码，后期会讲解CSS样式的基础。这里的背景颜色为黑色，是之前拿来测试的一个代码，所以先别管背景颜色，如图9-7所示。

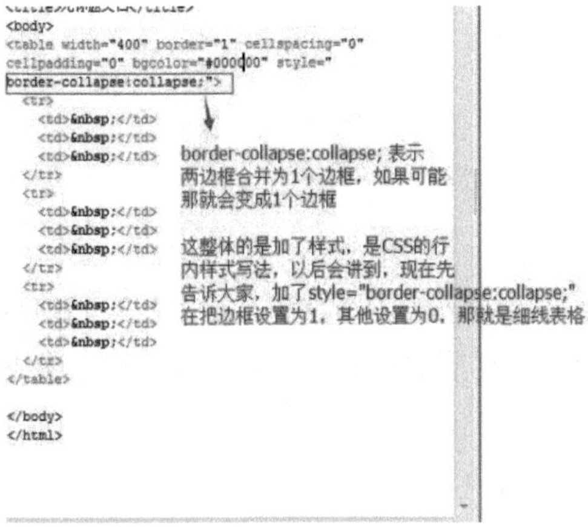

图9-7 代码

STEP4 把背景颜色改为绿色，代码为bgcolor="#00FF00"， 这样就变成细线表格了，如图9-8所示。

图9-8 细线表格

9.2.2 table表格应用基础——切片分隔符

在做设计的时候，一般都是切图，直接上传，但是可能会碰到一些切片分隔符的问题，这个问题有一个解决办法。

打开需要切片的图片，然后将切片保存为web格式，再如下图所示步骤进行解决，如图9-9、图9-10、图9-11和图9-12所示。

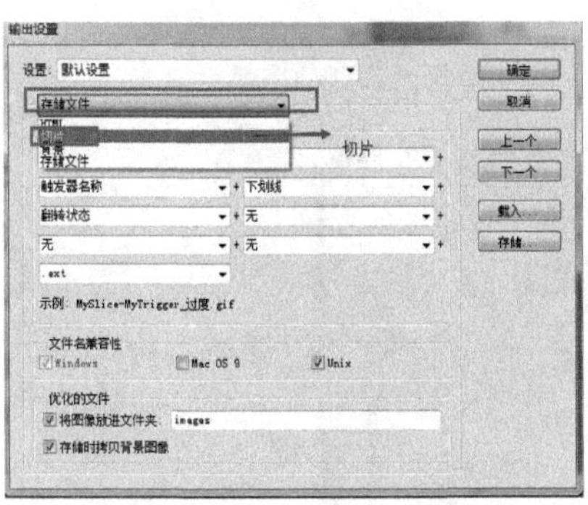

图9-9 步骤1

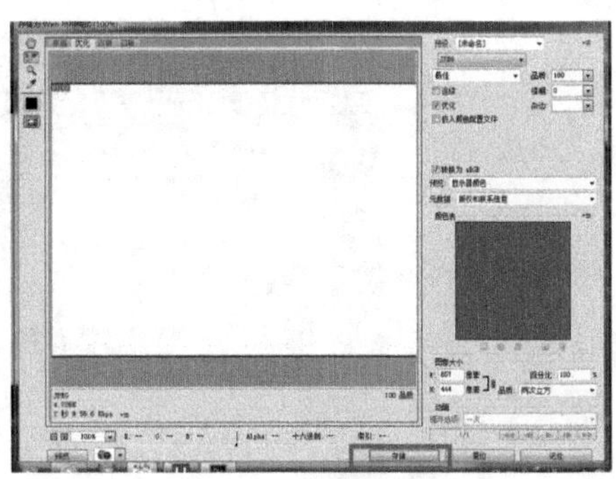

图9-10 步骤2

图9-11　步骤3

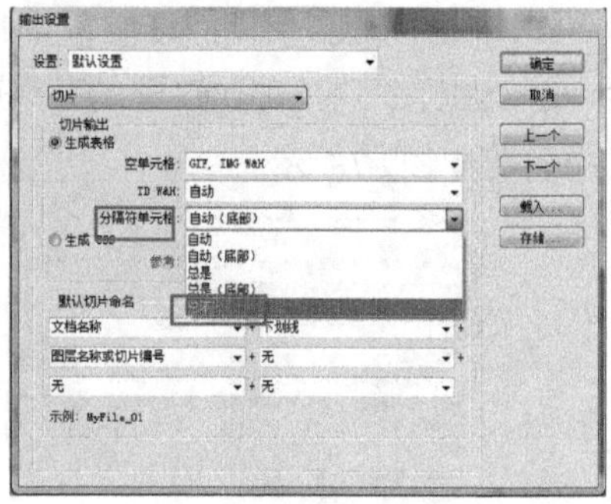

图9-12　步骤4

尽量使用表格，复杂的时候使用嵌套，在不会使用其他高级代码的情况下，就使用表格嵌套。切片上传固然方便，但是合理运用表格的话，布局会更加合理些。

9.2.3　table表格嵌套的应用

嵌套就是大表格里面嵌套小表格，一层层嵌套，建议嵌套层数尽量少些。用嵌套的好处是能让内容的布局更加合理，也方便程序套用。

（1）表格嵌套的基本运用。

如果切片平均切的话，就直接转换成表格即可，导出来HTML文件也能用。

要做表格就先考虑做2行3列的，效果如图9-13所示，具体步骤如下所述。

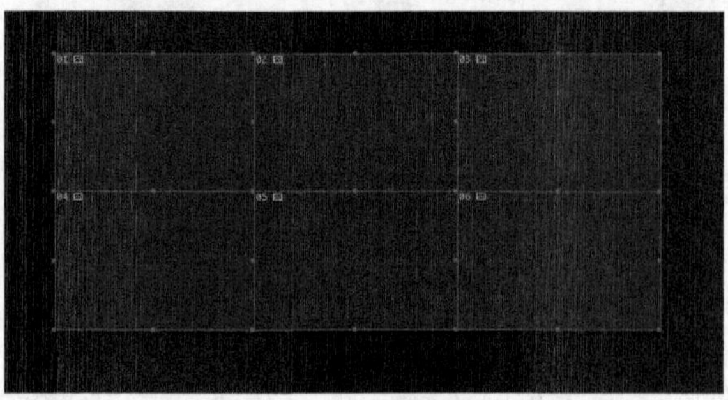

图9-13　2行3列表格

STEP1　插入表格，如图9-14所示。

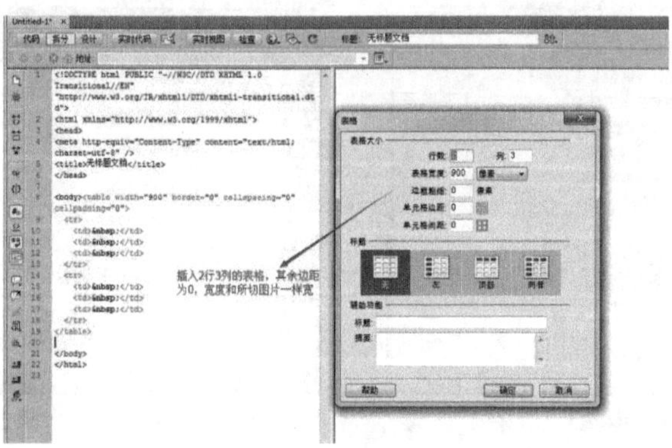

图9-14　插入表格

STEP2 查看图片的尺寸，如图9-15所示。

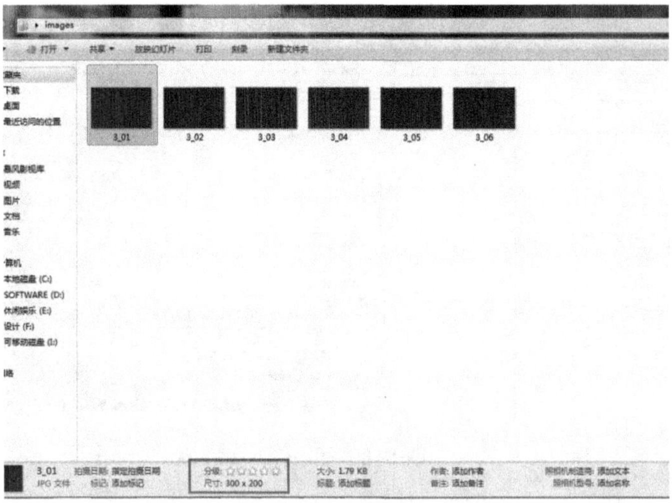

图9-15 查看图片

STEP3 设置代码，如图9-16和图9-17所示。

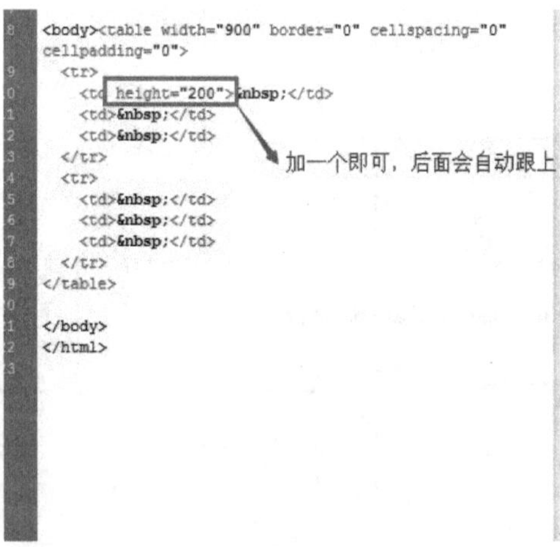

图9-16 代码1

图9-17 代码2

STEP4 设置完成后，插入图片即可，如图9-18所示。

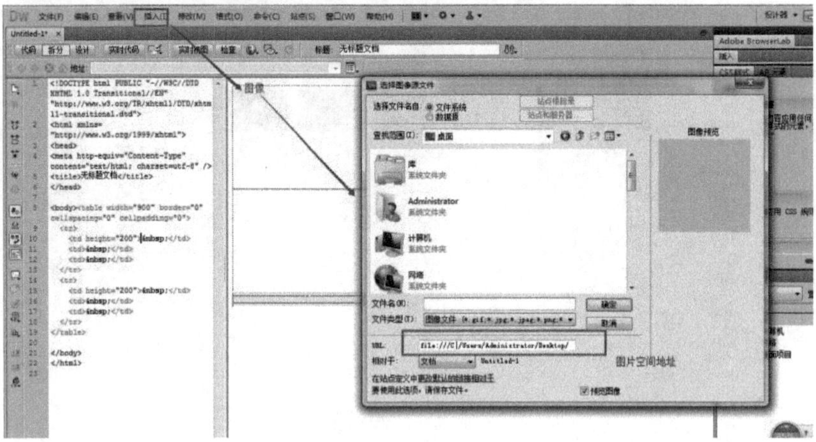

图9-18 插入图片

也可以直接在右边写，写的时候要替换“ ”， 这个是空格的标记，如图9-19、图9-20所示。

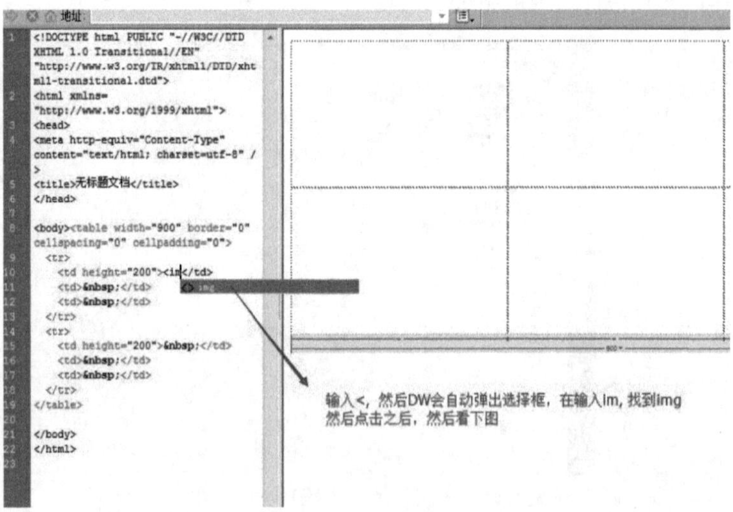

图9-19 代码 3

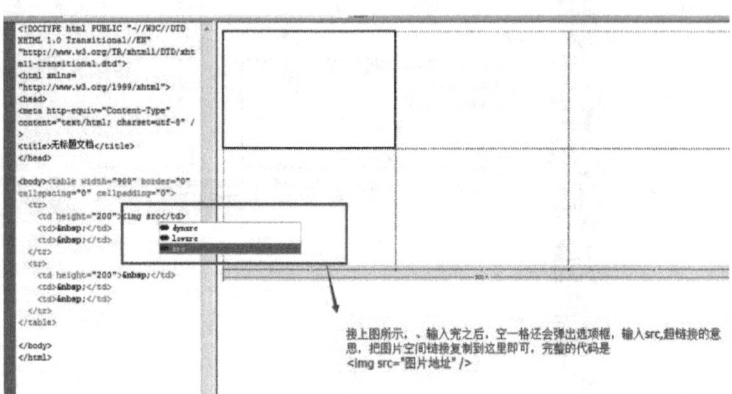

图9-20 代码 4

（2）高级表格嵌套运用。

如果要加一些关联商品，如优惠券信息，或者制作店招导航栏的时候，这样复杂的切片就会相当麻烦，如图9-21所示。

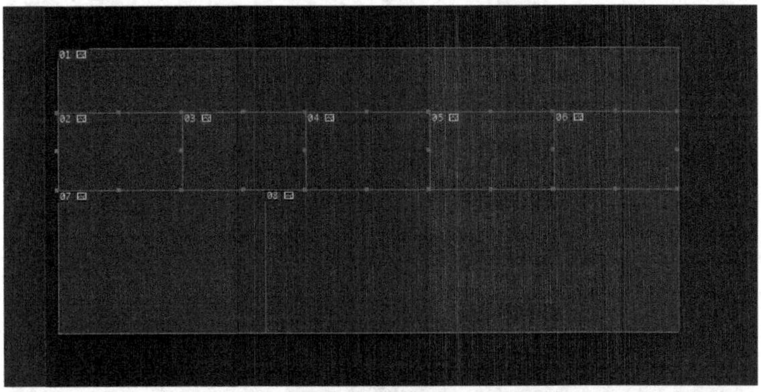

图9-21 复杂切片

这样直接切好，保存web格式、HTML和图像，然后用DW打开HTML文件，如图9-22和图9-23所示。

图9-22 保存文件

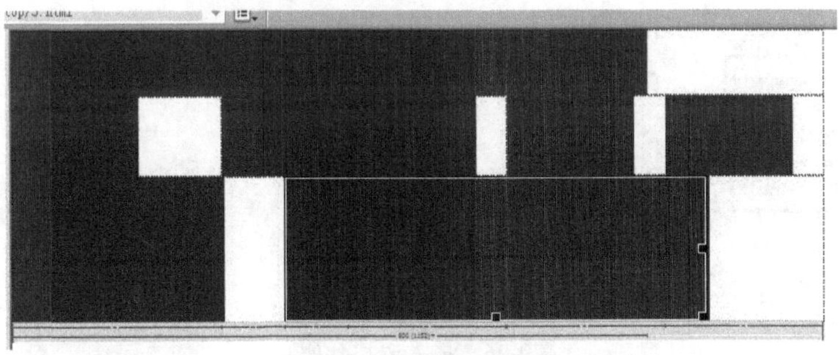

图9-23 切片展示

这里看到的是错乱的表格，这是为什么？因为布局错乱了，这时候就需要使用表格嵌套，该如何做呢？可以先看Photoshop里面的图片，如图9-24所示。

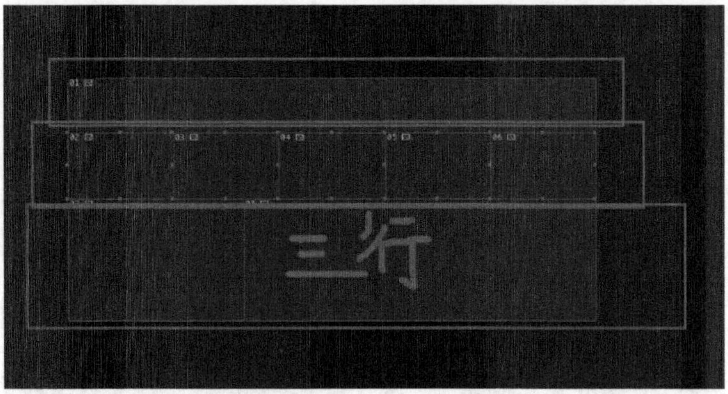

图9-24 Photoshop中的切片

这是三行的，在里面可以插入小表格来嵌套，如图9-25和图9-26所示。

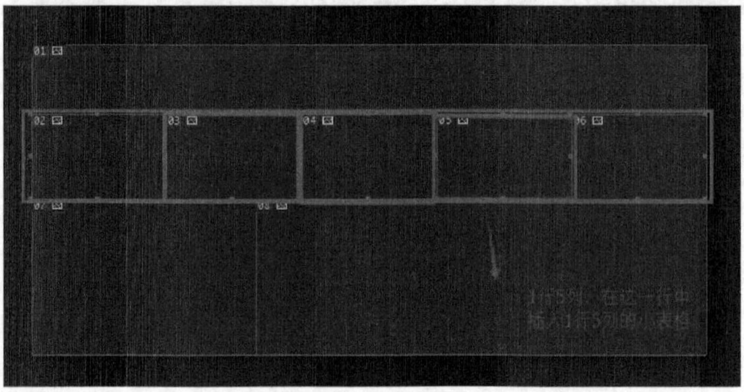

图9-25 嵌套小表格

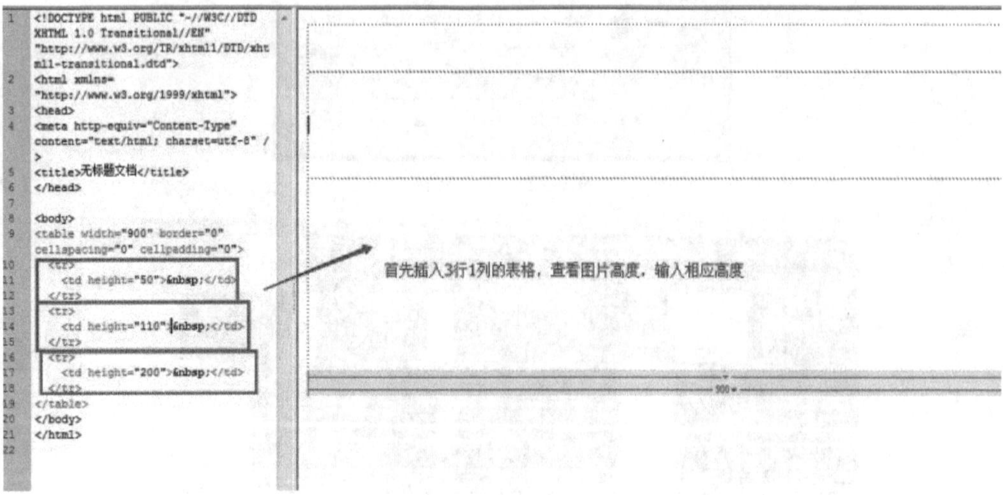

图9-26 插入表格代码1

在中间某一行插入1行5列的表格，如图9-27、图9-28和图9-29所示。

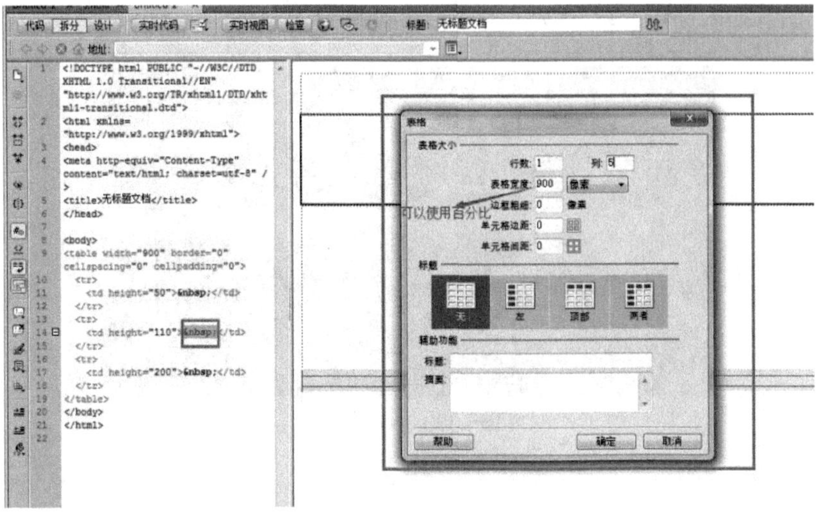

图9-27 插入表格代码2

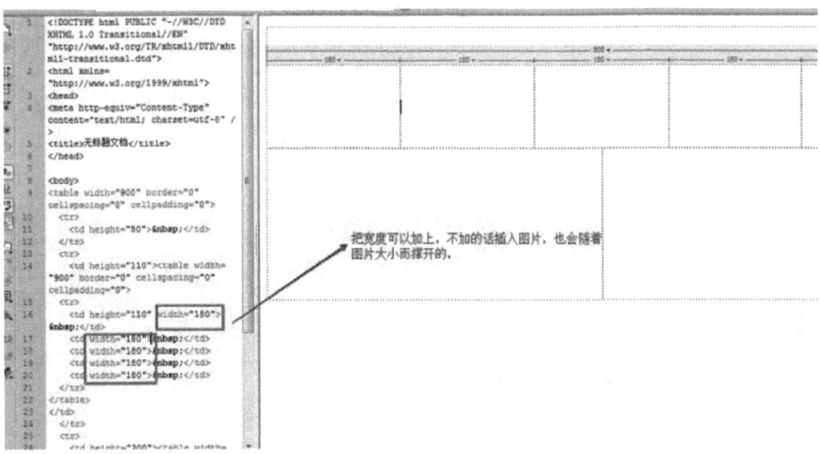

图9-28 插入表格代码3

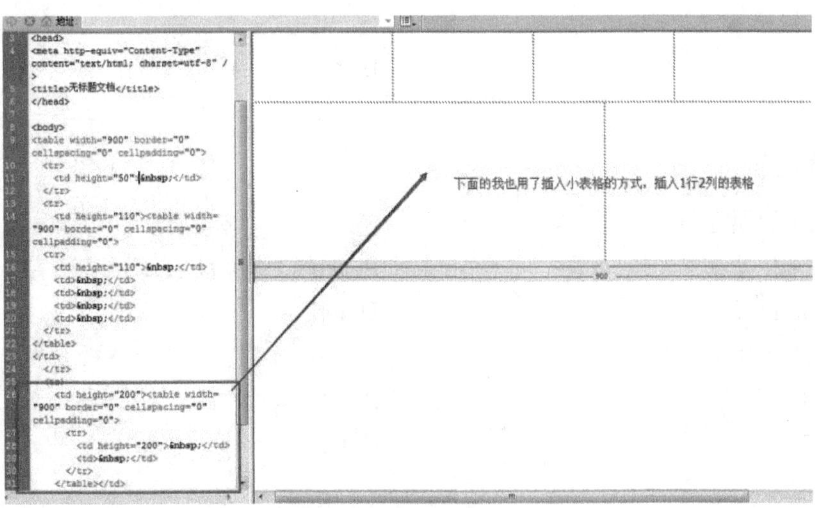

图9-29 插入表格代码4

最后把图片插入即可，缝隙就没了，这个是贴合的表格，如图9-30所示。

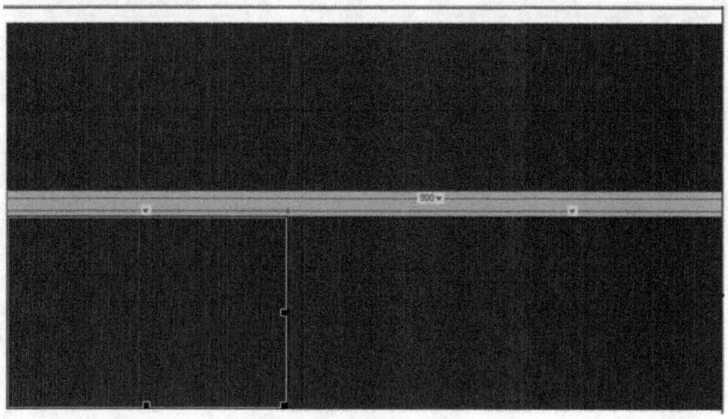

图9-30 插入图片

本章总结

通过本章的学习，学习者应能够熟练地了解<table>标签、<a>标签、<p>标签、<h>标签、<font>标签，并会用<table>标签制作简单的表格，并熟练掌握table的嵌套使用。

练习与实践

【单选题】

1. 在table标签中，定义表格的行是（　　）？

A. tr　　B. td

C. table　　D. body

2. 超链接标签（　　）。

A. <a>　　B. <b>

C. <c>　　D. <d>

【多选题】

1. Target 的属性值（　　）。

A. blank　　B. self

C. parent　　D. top

2. h标签分为（　）。

A. h1　　B. h2

C. h3　　D. h4

实训任务

产品尺码表制作

项目背景介绍

淘宝详情页产品尺码表的制作

设计任务概述

1. 根据详情页大小创建尺寸
2. 使用辅助线分割画布空间
3. 将文字置入表格中
4. 要求完成时间为50分钟

设计参考图

试穿体验

试穿者	身高	三围	试穿尺码	试穿体验
Amelia	154	74/59/80	XS	XS合身，裙长合适
Jennifer	158	76/62/83	S	S合身，时尚
Rachel	163	84/68/88	M	M合身，胸围合适
Vanessa	167	88/70/94	L	L合身，好搭配
Michelle	170	92/74/96	XL	XL合身，整体更合适

实训记录

教师考评

评语：

辅导教师签字：____________

第10章 Div和行内css样式

本章导读

- 本章主要介绍标签<div>和行内css样式，一个个的<div>标签形成的框及其内容组成了最终的页面，这个框就是布局的基础。只有理解<div>标签的概念和相关的设置，才可以顺利的学习后面的内容。

效果欣赏

学习目标

- 建立自己的第一个框。
- 学会定义框的宽高。
- 定义框的背景。

技能要点

- 掌握<div>标签的使用。
- Css行内样式的使用编写。

实训任务

- 产品推荐代码编写。

10.1 div+css样式

10.1.1 div标签

div是层叠样式表中的定位技术，是用来为HTML（标准通用标记语言下的一个应用）文档内大块（block-level）的内容提供结构和背景的元素。

10.1.2 css样式

css是“层叠样式表”或者叫“级联样式表”，是一组格式设置规则，用于控制web格式的外观，通过使用css样式设置页面的格式，可将页面的内容和表现形式分离，页面内容存放在HTML文档中，而用于定义表现形式的css规则则存放在另一个文件中或HTML文档的某一部分，通常为文件头部。将内容和表现形式分离，不仅可以使维护站点的外观更加容易，而且还可以使HTML文档代码更加简练，缩短浏览器的加载时间。

css的三种使用方法如下所述。

内嵌式Inline（也叫行内样式）：应用内嵌样式到各个网页元素。

嵌入式Embedding（也叫内页样式）：在网页上创建嵌入的样式表。

外联式linking（也叫外部样式）：将网页链接到外部样式表。

css三种样式的优先级是内联式、嵌入式、外联式。

1. 外部样式表

当样式需要被应用到很多页面的时候，外部样式表将是理想的选择。使用外部样式表可以通过更改一个文件来改变整个站点的外观，演示代码如下所述。

```
<head>
<link rel= "stylesheet" type= "text/css" href= "mystyle.css">
</head>
```

2. 内部样式表

当单个文件需要特别样式时，就可以使用内部样式表。在head部分通过<style>标签定义内部样式表，演示代码如下所述。

```
<head>
<style type="text/css">
 body{background:#F00}
 p{margin-left:20px;}
</style>
</head>
```

3. 内联样式表

当特殊的样式需要应用到个别元素时，就可以使用内联样式。使用内联样式的方法是在相关的标签中使用样式属性。样式属性可以包含任何css属性，演示代码如下所述。

```
<p style="color:#C00; margin-left:20px">
这是一段话
</p>
```

目前在淘宝和天猫店铺，没有买css做的旺铺模板的情况下，只支持内联式的部分样式。 css的一个主要特征就是继承，它是依赖于“祖先-后代”的关系。继承是一种机制，它允许样式不仅可以应用于某个特定的元素，还可以应用于它的后代。例如一个body定义了的颜色值也会应用到段落的文本中。下面举例说明样式定义后的效果。

样式定义：body{color:red;}

应用举例效果如图10-1所示。

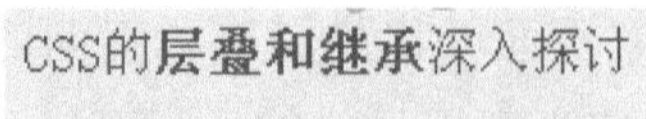

图10-1　红色效果的文字

这段代码的应用结果是：“CSS的层叠和继承深入探讨”这段话是红颜色的，“层叠和继承”由于应用了strong元素，所以是粗体。这很符合制作者的意图，也是为什么继承是css的一部分的原因。

4. css的层叠性

层叠就是在html文件中对于同一个元素可以有多个css样式存在，当有相同权重的样式存在时，会根据这些css样式的前后顺序来决定，处于最后面的css样式会被应用，如图10-2所示。

```
p{color:red;}
p{color:green;}
<p class="first">三年级时，我还是一个<span>胆小如鼠</span>的小女孩。</p>
```

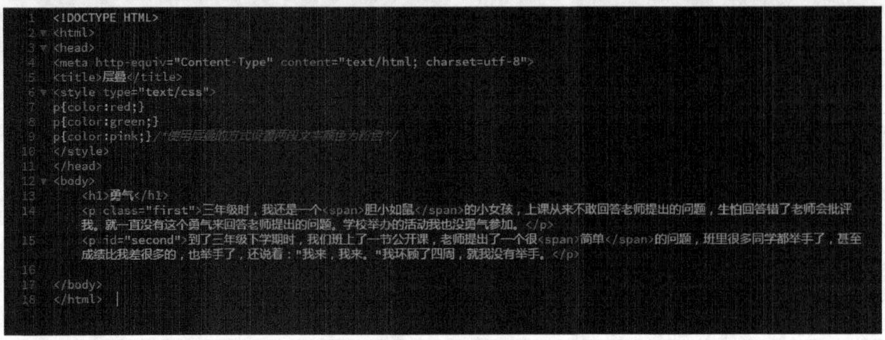
```
<!DOCTYPE HTML>
<html>
<head>
<meta http-equiv="Content-Type" content="text/html; charset=utf-8">
<title>层叠</title>
<style type="text/css">
p{color:red;}
p{color:green;}
p{color:pink;}
</style>
</head>
<body>
    <h1>勇气</h1>
    <p class="first">三年级时，我还是一个<span>胆小如鼠</span>的小女孩，上课从来不敢回答老师提出的问题，生怕回答错了老师会批评我。就一直没有这个勇气来回答老师提出的问题。学校举办的活动我也没勇气参加。</p>
    <p id="second">到了三年级下学期时，我们班上了一节公开课，老师提出了一个很<span>简单</span>的问题，班里很多同学都举手了，甚至成绩比我差很多的，也举手了，还说着："我来，我来。"我环顾了四周，就我没有举手。</p>

</body>
</html>
```

图10-2　css层叠演示

最后 p 中的文本会设置为green，这个层叠很好理解，即后面的样式会覆盖前面的样式。

由此就能理解前面的css样式优先级了，即内联样式表（标签内部）> 嵌入样式表（当前文件中）> 外部样式表（外部文件中）。

5. css盒子模型

W3C组织建议把所有网页上的对象都放在一个盒子中，盒模型的构成如图10-3所示。

图10-3 盒模型的构成

盒模型的边框属性如图10-4所示。

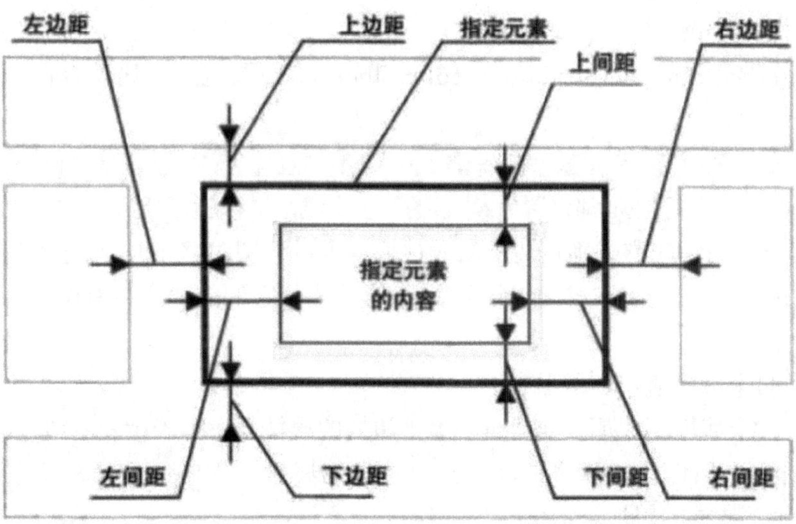

图10-4 盒模型的边框属性

（1）一个盒子的构成，如图10-5所示。

盒子中的内容：content。

盒子的边框：border。

盒子边框与内容之间的距离称为填充：padding内边距（内补丁）。

如果有多个盒子存在，盒子与盒子之间的距离称为边界：margin 外边距（外补丁）。

整个盒子模型在网页中所占的宽度：左间距+左边框+左填充+内容+右填充+右边框+右间距。

总宽度与总高度的计算：宽度和高度的单位可以是绝对单位（px），也可以是相对单位（%）。

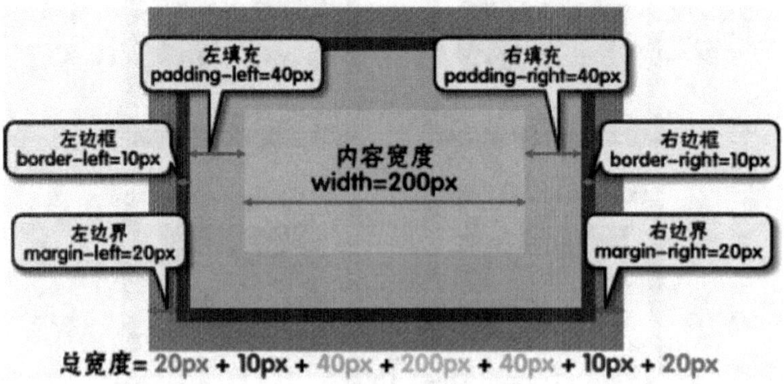

图10-5

（2）css盒子模型的属性。

内容属性：宽=width，高=height。

内填充属性（内容与边框之间的距离）：padding。

外边距属性（使用该属性的时候注意浏览器的兼容性）：margin。

边框属性：border。

要把border-width、border-border-color和border-style这三个属性合在一起，可以用border属性来简写。

```
-border: 2px green dashed;
```

这行样式表示将4条边框都设置为2像素的绿色虚线，这样就比分为3条样式来写更方便。

css中可以用简单的方式确定边框的属性值，可以分别对4条边框设置不同的属性值。方法是按照规定的顺序给出2个、3个或者4个属性值，它们的含义将有所区别，具体含义如下所述。

如果给出1个属性值，表示上右下左。

如果给出2个属性值，那么前者表示上下边框的属性，后者表示左右边框的属性。

如果给出3个属性值，那么前者表示上边框的属性，中间的数值表示左右边框的属性，后者表示下边框的属性。

如果给出4个属性值，那么依次表示上、右、下、左边框的属性，即顺时针排序。

在css中，可以单独对某一条边框在一条css规则中设置属性，代码如下所示。

```
-border-left: 1px red solid;
```

有时，还需要对某一条边框的某一个属性进行设置，例如仅希望设置左边框的颜色为红色，代码如下所示。

```
-border-left-color:red;
```

（3）盒模型的内补丁，如图10-6所示。

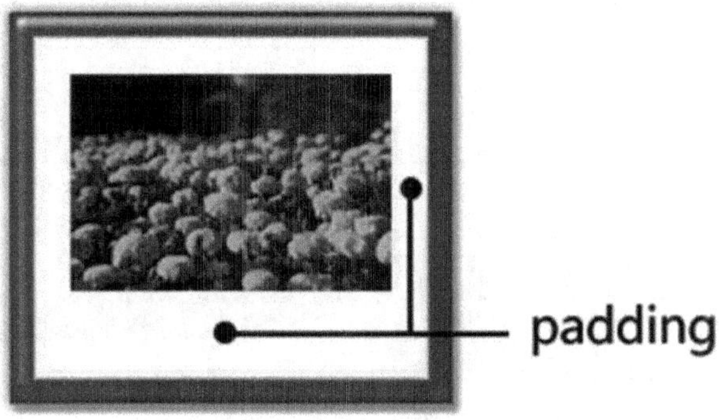

图10-6 盒模型的内补丁

内补丁属性的简写如下所述。

和前面介绍的边框类似，padding属性可以设置1、2、3或4个属性值，具体含义如下所述。

设置1个属性值时，表示上下左右4个padding均为该值。

设置2个属性值时，前者为上下padding的值，后者为左右padding的值。

设置3个属性值时，第1个为上padding的值，第2个为左右padding的值，第3个为下padding的值。

设置4个属性值时，按照顺时针方向，依次为上、右、下、左padding的值。

如果需要设置某一个方向的padding属性，可以使用padding-left、padding-right、padding-top或者padding-bottom来设置。

（4）盒模型的外补丁。

外补丁（margin）指的是元素与元素之间的距离。

外补丁（margin）的简写方法和内补丁完全一致。

6. 行内对象之间的外补丁

padding只存在于一个盒子内部，所以通常它不会涉及与其他盒子之间的关系和相互影响的问题。

margin是用于调整不同的盒子之间的位置关系。

（1）行内元素之间的水平margin，如图10-7所示。

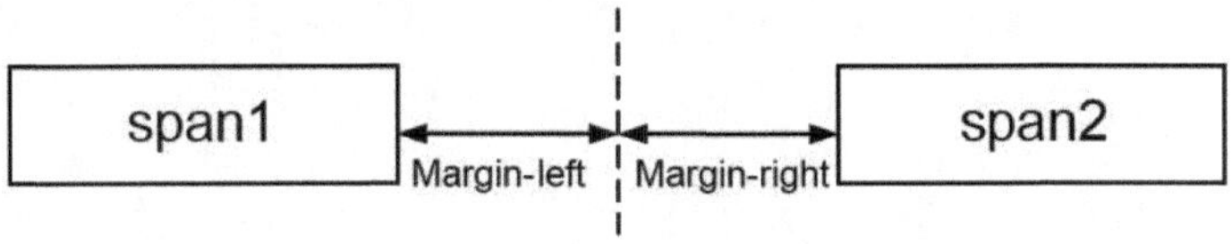

图10-7 行内元素之间的水平margin

两个块之间的距离为：30px+40px=70px（假如左边为30px，右边为40px）。

（2）块级元素之间的竖直margin。

如果不是行内元素，而是竖直排列的块级元素，margin的取值情况就会有所不同，两个块级元素之间的距离不是margin-bottom与margin-top的总和，而是两者中的较大者，如图10-8所示。

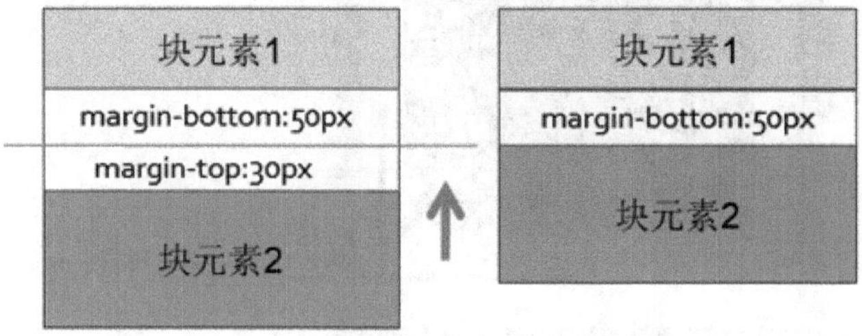

图10-8 块级元素之间的竖直margin

这个现象称为margin的“塌陷”（或称为“合并”）现象，意思是说较小的margin塌陷（合并）到了较大的margin中。

（3）嵌套盒子之间的margin。

除了上面提到的行内元素间隔和块级元素间隔这两种关系外，还有一种位置关系，它的margin值对CSS排版也有重要的作用，这就是父子关系。当一个<div>块包含在另一个<div>块中时，便形成了典型的父子关系，其中子块的margin将以父块的内容为参考，如图10-9所示。

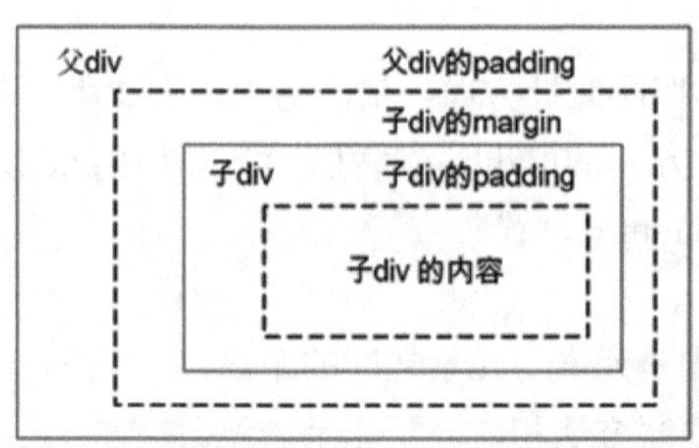

图10-9 嵌套盒子之间的margin

10.2 div+css案例应用

10.2.1 div+css效果图演示

下面是淘宝的一些常用css样式：

width（宽度）、height（高度），可以用百分比、比例、数值；float（浮动），数值为left、right、inhent、none，表示左侧浮动、右侧浮动、继承上级、无，一般用left；background（背景），可以使用图片、颜色；font-size（字号），自定义字的字号大小；color（颜色），自定义内容的颜色；text-align（内容对齐方式），常用left或center，左对齐或垂直居中；border（定义边框），通常使用none，去掉边框；line-height（行高），定义内容行高，一般使用1；text-decoration（文本修饰），常用为none，去掉下划线，一般用在<a>标签中，去掉链接文本的下划线；vertical-align（垂直对齐方式），用来设置垂直对齐；z-index（层级），自定义区块的层级，将屏幕想象成立体的，数值越大越接近屏幕。

接下来去布局一个div页面，这里用店招来做例子，带切片的效果如图10-10所示。

图10-10　店招

STEP1 用div把框架写出来，排列代码如图10-11所示。

```
<div style="width:990px; height:150px; line-height:1;"><!--总框架div-->
  <div style="width:840px; height:120px; line-height:1; float:left;"><!--div区块1-->
  </div>
  <div style="width:150px; height:120px; line-height:1; float:left;"><!--div区块2-->
  </div>
  <div style="width:120px; height:30px; line-height:1; float:left;"><!--div区块3-->
  </div>
</div>
```

图10-11　代码1

STEP2 把图片按常规的span模式分别填进不同的div模块，代码如图10-12所示。

```
<body>
<div style="width:990px; height:150px; line-height:1;"><!--总框架div-->
 <div style="width:840px; height:120px; line-height:1; float:left;"><!--div区块1-->
  <span style="float:left;"><img src="" /></span>
  <span style="float:left;"><img src="" /></span>
  <span style="float:left;"><img src="" /></span>      区块1四张图
  <span style="float:left;"><img src="" /></span>
 </div>
 <div style="width:150px; height:120px; line-height:1; float:left;"><!--div区块2-->
  <span style="float:left;"><img src="" /></span>
  <span style="float:left;"><img src="" /></span>     区块2三张图
  <span style="float:left;"><img src="" /></span>
 </div>
 <div style="width:120px; height:30px; line-height:1; float:left;"><!--div区块3-->
  <span style="float:left;"><img src="" /></span>
  <span style="float:left;"><img src="" /></span>
  <span style="float:left;"><img src="" /></span>
  <span style="float:left;"><img src="" /></span>
  <span style="float:left;"><img src="" /></span>
  <span style="float:left;"><img src="" /></span>     区块3十张图
  <span style="float:left;"><img src="" /></span>
  <span style="float:left;"><img src="" /></span>
  <span style="float:left;"><img src="" /></span>
  <span style="float:left;"><img src="" /></span>
 </div>
</div>
</body>
</html>
```

图10-12 代码2

本章总结

通过本章的学习，学习者应能够熟练地搭建一个最简单的框，并为它设置宽、高。知道淘宝用的是行内样式，并用div+css样式编写淘宝店招。

练习与实践

【单选题】

1. 在淘宝中，css样式采用的是（ ）。

A. 外联式linking　　B. 嵌入式embedding

C. 内嵌式Inline　　D. 外嵌式outline

2. 淘宝首页，中间区域的宽度是（ ）像素/英寸。

A. 950　　B. 720

C. 960　　D. 100

【多选题】

1. css的三种使用方法（ ）。

A. 外联式linking　　B. 嵌入式embedding

C. 内嵌式Inline　　D. 外嵌式outline

2. css盒子模型的属性（　　）。

A. width　　B. height

C. padding　　D. boder

实训任务

<table>
<tr><th colspan="2">掌柜推荐制作</th></tr>
<tr><td>项目背景介绍</td><td>制作店铺首页的掌柜推荐</td></tr>
<tr><td>设计任务概述</td><td>1. 根据首页尺寸创建
2. 将照片剪裁后置入div中
3. 添加文字
4. 要求完成时间为50分钟</td></tr>
<tr><td>设计参考图</td><td>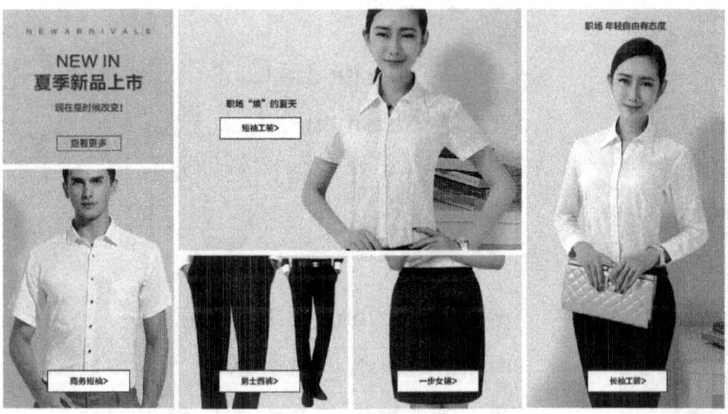
</td></tr>
<tr><td>实训记录</td><td></td></tr>
<tr><td>教师考评</td><td>评语：

辅导教师签字：________</td></tr>
</table>

第11章 position定位

本章导读

- position在css里是最重要的一个属性，学好了它可以解决很多页面布局上的问题，学习它可以在很多地方起到作用，例如百度搜索框的下拉框，淘宝网的二级菜单，还有在浏览淘宝网时顶部会有个搜索框。position能实现设计时想要定位的位置。

效果欣赏

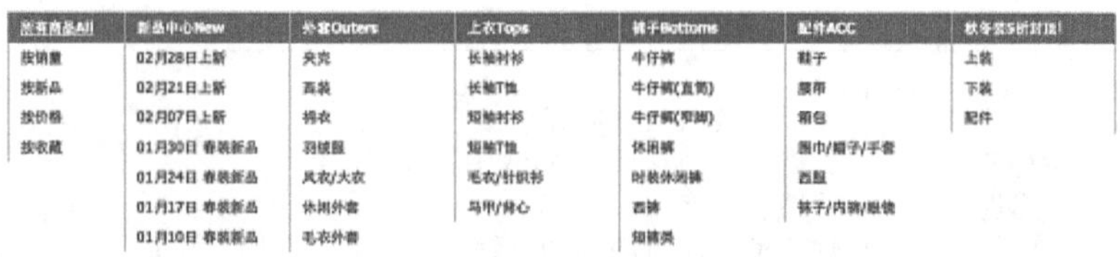

学习目标

- 掌握position定位。
- 掌握position的定位方式。
- 学会相对定位和绝对定位。

技能要点

- 对position属性的了解。
- 通过合适的裁剪来突出画面的主题。
- 利用辅助线来安排广告中的各元素。

实训任务

- 掌握position的定位方式。

11.1 定位属性

本节主要介绍position属性，此属性可以帮助在淘宝店铺里做图片的定位。

11.1.1 position属性

position 属性规定元素的定位类型。position的值包括以absolute、relative、fixed、static、inherit，在淘宝店铺中absolute、relative、fixed这三个属性用得比较多，如表11-1所示。

表11-1 position 属性

值	描述
absolute	生成绝对定位的元素，相对于static定位以外的第一个父元素进行定位 元素的位置通过 "left", "top", "right" 以及 "bottom" 属性进行规定
relative	生成相对定位的元素，相对于其正常位置进行定位 因此，"left:20" 会向元素的 LEFT 位置添加20像素
fixed	生成绝对定位的元素，相对于浏览器窗口进行定位 元素的位置通过 "left", "top", "right" 以及 "bottom" 属性进行规定
static	默认值，没有定位，元素出现在正常的流中（忽略top, bottom, left, right 或者 z-index 声明）
inherit	规定应该从父元素继承 position 属性的值（IE不支持此属性）

11.1.2 相对定位

如果对一个元素进行相对定位，它将出现在它所在的位置上。可以通过设置垂直或水平位置，让这个元素“相对于”它的起点进行移动。

如果将 top 设置为 20px，那么框将在原位置顶部下面 20 像素的位置。如果 left 设置为 30 像素，那么会在元素左边创建 30 像素的空间，也就是将元素向右移动，如图11-1所示。

```
#box_relative {
  position: relative;
  left: 30px;
  top: 20px;
         }
```

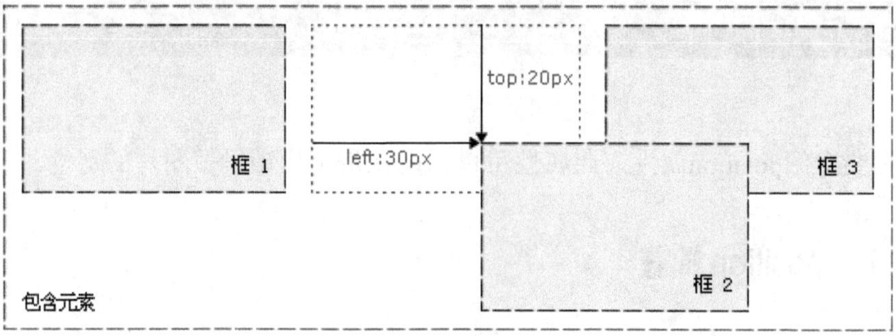

图11-1　相对定位

注意，在使用相对定位时，无论是否进行移动，元素仍然占据原来的空间。因此，移动元素会导致它覆盖其他框。

11.1.3 绝对定位

设置为绝对定位的元素框从文档流完全删除，并相对于其包含块定位，包含块可能是文档中的另一个元素或者是初始包含块。元素原先在正常文档流中所占的空间会关闭，就好像该元素原来不存在一样。元素定位后生成一个块级框，不论原来它在正常流中生成何种类型的框。

绝对定位使元素的位置与文档流无关，因此不占据空间。这一点与相对定位不同，相对定位实际上被看作普通流定位模型的一部分，因为元素的位置是相对于它在普通流中的位置。普通流中其他元素的布局就像绝对定位的元素不存在一样，如图11-2所示。

```
#box_relative {
  position: absolute;
  left: 30px;
  top: 20px;
}
```

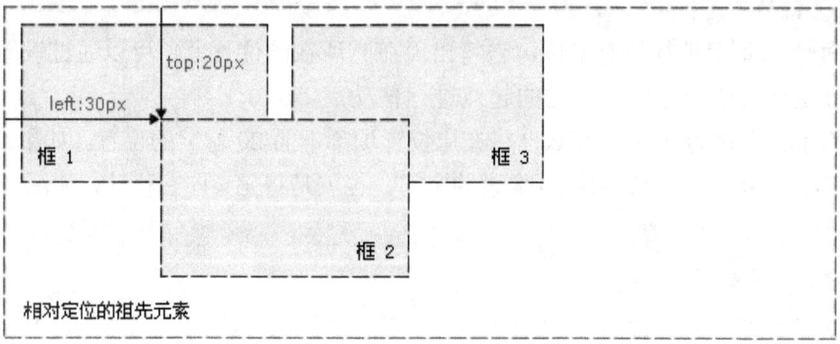

图11-2　绝对定位

绝对定位元素的位置相对于最近的已定位父级元素，如果元素没有已定位的父级元素，那么它的位置是相对于最初的包含块。

定位的主要问题是要记住每种定位的意义。相对定位是“相对于”元素在文档中的初始位置，而绝对定位是“相对于”最近的已定位父级元素，如果不存在已定位的父级元素，那么“相对于”最初的包含块。

注释：根据用户代理的不同，最初的包含块可能是画布或HTML元素。

提示：因为绝对定位的框与文档流无关，所以它们可以覆盖页面上的其他元素，可以通过设置z-index属性来控制这些框的堆放次序。

11.2 定位属性效果演示

11.2.1 Position的案例使用

在淘宝的自定义内容区中写上position: absolute会将其屏蔽掉，所以要借助淘宝官方的class，也就是class="footer-more-trigger"来实现想要的绝对定位。

下面写了一个淘宝店铺1920px通栏代码，主要是调用了淘宝的JS Widget组件，而且是幻灯片的效果。

淘宝里面有一个footer-more-trigger的类，这个类设置了相对定位的属性，可以使用这个类达到想要的效果。

```
.footer-more-trigger {
    position: absolute;
    padding: 6px 11px 4px 14px;
    width: 37px;
    line-height: 1.3;
    border: 1px solid #fff;
    left: -12px;
    top: -5px;
}
```

- position:absolute：就是绝对定位，脱离文档流，说的通俗点，就是脱离淘宝的950界线，想要实现全屏就要用到这个属性。
- padding：内边距，如果不需要就要把它去掉，设置padding:0即可。
- width：宽度，这个不需要，可以不用理它，设置为width:0px也可以。
- line-height：行高，全屏海报不需要这个，也不用理它。

- border：边框，这个必须设置为border:none，也就是把边框设为无，否则左右上下将会各占1个象素。
- left：左偏移，模板设置的是 -12px，可根据需要调整数值。
- top：上偏移，模板设置的是 -5px，这里必须设置为 top:auto，也就是自动，千万不要设置为 top:0px。

事实上，只需要用到这个class里的position:absolute绝对定位属性，其他的都不需要，可能会有朋友说，自己写一个绝对定位不就行了，干嘛非要调用这个class？如果自定义能用这个属性，那这里就不用搞得这么复杂了，淘宝在保存代码的时候，会自动过滤掉关于定位的代码。

学过HTML、XHTML的应该都知道css的加载顺序为行内样式－内部样式－外部样式，其中行内样式优先级最高，所以在代码中加入 style="top:auto;border:none;padding:0;" 将会被加载，而不会再去加载模板自带的css样式。

备注：其实不必非得用footer-more-trigger这个类，任何拥有Position定位的且不会被淘宝自动过滤掉的类都可以利用。

淘宝1920px全屏海报代码，宽度为1920px，高度随便自己调，同时修改两处500px即可。

```
<div style="height:500px;">
    <div class="footer-more-trigger" style="left:50%;top:auto;b
order:none;padding:0;">
        <div class="footer-more-trigger" style="left:-960px;top
:auto;border:none;padding:0;">
      <a href="#" target="_blank" style="width:1920px;height:50
0px;display:block;">
              <img src="#" border="0" alt="全屏海报" /></a>
        </div>
    </div>
</div>
```

根据上面的代码可以看出来，<a>标签定义了一个1920px的宽度和<a>标签父元素的左侧负距离，这两个值刚好是两倍的关系，根据上面的代码，也能得出下面的代码。

天猫店1920px全屏海报，宽度1920px，高度随便自己调，同时修改两处500px即可。

```
<div style="height:500px;">
 <div class="sn-simple-logo" style="padding:0px;left:50%;top:auto;">
    <div class="sn-simple-logo" style="padding:0px;left:-960px;
top:auto;">
       <a href="#" style="width:1920px;height:500px;display:block;"
target="_blank">
          <img alt="全屏海报" border="0" src="#" />
      </a>
    </div>
  </div>
</div>
```

通过查看天猫的css文件，可以搜索到下面的代码。

```
.sn-simple-logo{
    _width:auto!important
}
#content .sn-simple-logo{
    position:absolute
}
```

同样有一个position:absolute属性，可以使用这个类添加全屏的效果。

本章总结

通过本章的学习，学习者应能够熟练使用position，了解绝对定位和相对定位的运用，通过案例学习，装修店铺全屏轮播效果。

练习与实践

【单选题】

1. 在position中，相对定位实际上被看作（　　）定位模型的一部分。

A. 普通流　　B. 中级流　　C. 高级流　　D. 顶级流

【多选题】

1. position的属性（　　）。

A. absolute　　B. Relative　　C. fixed　　D. static

实训任务

<table>
<tr><th colspan="2">950宝贝分类导航</th></tr>
<tr><td>项目背景介绍</td><td>编写950宝贝分类导航</td></tr>
<tr><td>设计任务概述</td><td>1. 按照竖排的方式编写
2. 总共七个大分类
3. 大分类标题采用绿色背景，醒目突出
4. 要求完成时间为50分钟</td></tr>
<tr><td>设计参考图</td><td>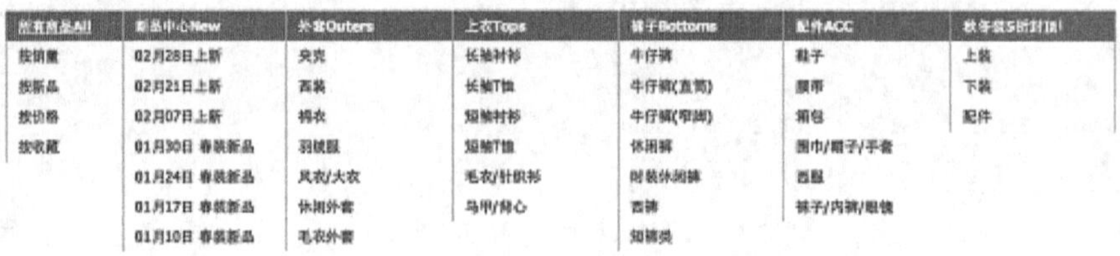
</td></tr>
<tr><td>实训记录</td><td></td></tr>
<tr><td>教师考评</td><td>评语：

辅导教师签字：____________</td></tr>
</table>

第12章 Widget规范

本章导读

- 实际的开发中需要用到一些功能比较丰富的效果，如图片轮播，<tab>标签等，这些组件都需要设计师写Javascript才能完成，考虑前期javascript是不对设计师开放的，所以淘宝要提供一些widget库，方便设计师调用，形成特定的组件。

效果欣赏

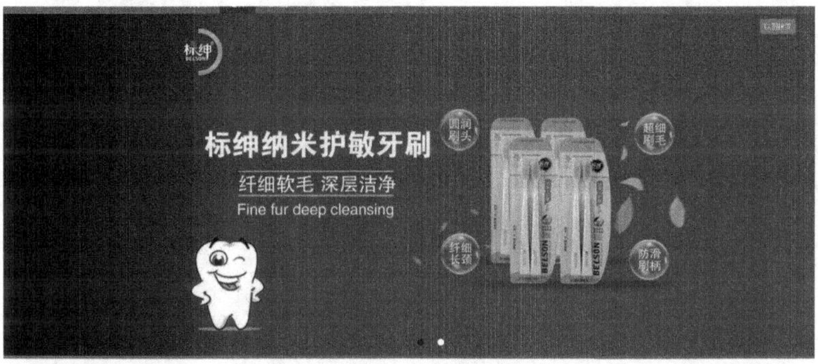

学习目标

- 掌握widget规范。
- 学会淘宝提供的widget的6种特效。

技能要点

- 掌握全屏轮播使用。
- 掌握倒计时使用。
- 掌握Popup使用。

实训任务

- 网店全屏轮播的安装。

12.1 Tabs——标签页

12.1.1 Tabs所需DOM结构

本组件对DOM结构没有特殊要求，调用只需要按顺序将ul列表中的每个元素跟内容元素一一对应即可，当然触点和内容都必须包含在唯一的外层容器里面。

```
<div class="J_TWidget section">
      <ul class="ks-switchable-nav">
             <li class="ks-active">标题 A</li>
             <li>标题 B</li>
             <li>标题 C</li>
             <li>标题 D</li>
      </ul>
      <div class="ks-switchable-content">
             <div>
                             -----预先加载的内容---------
             </div>
             <div style="display: none">内容 B</div>
             <div style="display: none">内容 C</div>
             <div style="display: none">内容 D</div>
      </div>
</div>
```

12.1.2 Tabs组件调用方法

组件调用代码如下所示。

```
<div class="J_TWidget"data-widget-type="Tabs"data-widget-config=" {
                    'effect': 'fade'
                   'autoplay': true,
                   'circular': true
         }">
  <!--  code  -- >
</div>
```

12.1.3 Tabs参数配置

Tabs参数配置如表12-1所示。

表12-1 Tabs参数配置列表

配置参数	参数可选值	作用说明
effect	none/fade/scrolly/scrollx (默认值：none)	切换时的动画效果： none 最朴素的显示/隐藏效果 fade 可实现淡隐淡现的效果 scrolly可实现垂直滚动的效果 scrollx可实现水平滚动的效果
easing	easeOutStrong/easeBoth	滚动的动画方式
countdown	true/false (默认值：false)	是否开启倒计时样式
countdownFromStyle	自定义值	设定倒计时最终样式 如: width:13px 表示进度条最终宽度，可先在css里对样式进行定义
navCls	自定义值	对其进行轮播的目标列表的class值
contentCls	自定义值	轮播列表所对应的内容列表的class值
delay	自定义数值 (默认值：1)	延迟加载时间 .1 == 100ms
triggerType	mouse/click<> (默认值：mouse)br	触发方式—— mouse：鼠标经过触发 click：鼠标点击触发
hasTriggers	true/false (默认值：true)	是否设置触发点
steps	自定义数值 (默认值：1)	切换视图内有多少个panels

续表

配置参数	参数可选值	作用说明
viewSize	自定义值	切换视图区域的大小。 一般不需要设定此值，仅当获取值不正确时，用于手工指定大小
activeIndex	自定义数值(默认值：0)	默认激活的列表项
activeTriggerCls	自定义值(默认值：active)	默认激活列表项的class值
autoplay	true/false(默认值：true)	是否自动播放
circular	true/false(默认值：true)	是否有循环滚动效果
duration	自定义值（默认值：0.5）	动画时长 .1 = 100ms

12.2 Slide卡盘

12.2.1 Slide所需DOM结构

本组件需要将滚动的对象作为一个ul列表，包含在外层的容器中，同时容器里还需要定义一个容器来放置列表中对应项的具体内容。

```
<div class="J_TWidget section">
        <div class="yslider-stage">
               <p><a href="#" target="_blank"><img src="###"/></a></p
               <p><a href="#" target="_blank"><img src="###"/></a></p>
               <p><a href="#" target="_blank"><img src="###"/></a></p>
        </div>
        <ul class="yslider-stick">
               <li class="selected"><a href="#" target="_blank">aaa</a></li>
               <li><a href="#" target="_blank">bbb</a></li>
               <li><a href="#" target="_blank">ccc</a></li>
        </ul>
</div>
```

12.2.2 Slide组件调用方法

组件调用代码如下所示。

```
<div class="J_TWidget" data-widget-type="Slide"data-widget-config="{
'navCls': 'yslider-stick',
                    'contentCls': 'yslider-stage',
                    'activeTriggerCls': 'selected',
                    'delay': 0.2,
                    'effect': 'fade',
                    'easing': 'easeBoth',
                    'duration': 0.8,
                    'autoplay': false,
}">
         <!--  code  -- >
  </div>
```

12.2.3 Slide案例应用

现在很多店铺的店招中都有文字卡盘轮播特效，本案例就用Slide来编写一段文字滚动轮播效果，代码如下所示。

```
   <div  class="J_TWidget scroll-news" data-widget-type="Slide"
   data-widget-config="{'contentCls':'news-items','hasTriggers':false,'effect':'scrolly','easing':'easeOutStrong','interval':3,'duration':0.2}" style="width:300px; height:30px; ">
      <ul  class="news-items"  style="list-style:none;  margin:0; padding:0;  width:300px; height:30px; line-height:30px;">
       <li > <a target="_blank" href="#" > 明天是星期天，买一送一了。
```

```
</a> </li>
        <li> <a target="_blank" href="#"> 错过今天 </a> </li>
        <li> <a target="_blank" href="#"> 再等一年 </a> </li>
      </ul>
    </div>
```

本代码中的参数说明可以参照表12-1中的参数作用说明。

12.3 Carousel - 旋转木马

网店旋转木马轮播特效是淘宝提供的widget库中的一种，该特效与普通轮播相比最大的特点就是一次可以展示多张图片，大大提高了商品的曝光率。如果店铺内的宝贝比较多，选择这款轮播特效是最明智的选择。

12.3.1 Carousel所需DOM结构

需要滚动的对象依次罗列，包含在内容区的容器中，同时需要两个不同ID的容器来分别包含上下翻页的按钮，另外可以将每一组内容再独自包含在一个ul列表中。

```
<div  class="section  J_TWidget">
       <span id="scroller-prev" class="prev disable">? 上一页</span>
       <span id="scroller-next" class="next">下一页 ?</span>
       <div class="scroller">
             <div class="ks-switchable-content">
                   <img alt="" src="###"/>
                   <img alt="" src="###"/>
             <img alt="" src="###"/>
                   <img alt="" src="###"/>
             <img alt="" src="###"/>
             <img alt="" src="###"/>
                   <img alt="" src="###"/>
             <img alt="" src="###"/>
```

```
                <img alt="" src="###"/>
                </div>
                <ul class="ks-switchable-nav">
                    <li class="ks-active">?</li>
                    <li>?</li>
                    <li>?</li>
                </ul
        </div>
</div>
```

12.3.2 Carousel组件调用方法

组件调用代码如下所示。

```
<div class="J_TWidget" data-widget-type="Carousel" data-widget-config="
{
'effect': 'scrollx',
                    'easing': 'easeOutStrong',
                    'steps': 5,
                    'viewSize': [680],
                    'circular': false,
                    'prevBtnCls': 'prev',
                    'nextBtnCls': 'next',
                    'disableBtnCls': 'disable',
```

```
  }">
<!--  code  -- >
</div>
```

12.3.3 Carousel案例应用

在淘宝或者其他网店看到的海报轮播图都是很普遍的效果，左右切换和上下切换都常用到。下面编写一款渐变效果的海报轮播效果代码，这可以让每个店家都能做出更好的效果，代码编写如下所示。

```
   <DIV class="slider-promo J_Slider J_TWidget tb-slide"
style="HEIGHT: 400px" data-widget-config="{'effect':'fade','conte
ntCls': 'lst-main', 'navCls': 'lst-trigger', 'activeTriggerCls':
'current'}" data-widget-type="Slide">
     <ul class="lst-main tb-slide-list" style="HEIGHT: 400px">
        <li><A style="HEIGHT: 400px" target=_blank href="#"><img
alt="" src="http://img04.taobaocdn.com/imgextra/i4/160154723/
T2XWxeXClaXXXXXXXX_!!160154723.jpg"></A></li>
        <li><A style="HEIGHT: 400px" target=_blank href="#"><img
alt="" src="http://img04.taobaocdn.com/imgextra/i4/160154723/
T2XWxeXClaXXXXXXXX_!!160154723.jpg"></A></li>
        <li><A style="HEIGHT: 400px" target=_blank href="#"><img
alt="" src="http://img04.taobaocdn.com/imgextra/i4/160154723/
T2XWxeXClaXXXXXXXX_!!160154723.jpg"></A></li>
        <li><A style="HEIGHT: 400px" target=_blank href="#"><img
alt="" src="http://img04.taobaocdn.com/imgextra/i4/160154723/
T2XWxeXClaXXXXXXXX_!!160154723.jpg"></A></li>
     </ul>
     <ul class=lst-trigger>
       <li>1</li>
       <li>2</li>
       <li>3</li>
       <li>4</li>
     </ul>
```

```
</DIV>
</DIV>
```

以上淘宝渐变轮播代码需要修改的地方如下所述。

（1）HEIGHT:400px设置需要的高度，这里为400像素，也可以根据海报高度来设置。此代码为4张轮播图，设置必须要统一。

（2）<A target=_blank href="#">#代表海报图的连接，在这里修改每个海报图需要连接到的地址共有四处。

（3）<img alt="" src="">src代表图片地址，例如:src=http://taobao.com/1.jpg。

12.4 Accordion - 手风琴

12.4.1 Accordion - 手风琴所需DOM结构

需要将菜单中每个标题及其内容分别包含在对应的容器中，最外层容器有唯一的ID来标示组件。

```
<div class="J_TWidget section">
        <div class="ks-switchable-trigger ks-active"><h3>标题A</h3></div>

        <div class="ks-switchable-panel">
                        内容AAAAA
        </div>

<div class="ks-switchable-trigger"><h3>标题B</h3></div>
                <div class="ks-switchable-panel" style="display:none;">
                        内容BBBBB
         </div>
```

```
        <div class="ks-switchable-trigger"><h3>标题C</h3></div>
                <div class="ks-switchable-panel" style="display:none;">
                        内容CCCCC
                </div>
        <div class="ks-switchable-trigger last-trigger"><h3>标题D
</h3></div>
                <div class="ks-switchable-panel last-panel" style="display:
none;">
                        内容DDDDD
        </div>
</div>
```

12.4.2 Accordion组件调用方法

组件调用代码如下所示。

```
<div class="J_TWidget"  data-widget-type="Accordion" data-widget-config
="{
                        'triggerType': 'click',
                        'multiple':true
        }">
                        <!--  code  -- >
</div>
```

12.4.3 Accordion参数配置

Accordion参数配置如表12-2所示。

表12-2 Accordion参数配置列表

配置参数	参数可选值	作用说明
triggerCls	自定义值	主列表的class值
panelCls	自定义值	列表所对应的内容列表的class值
triggerType	mouse/click (默认值：click)	触发方式—— mouse：鼠标经过触发 click：鼠标点击触发
multiple	true/false (默认值：false)	是否同时支持多面板展开
hasTriggers	true/false (默认值：true)	是否设置触发点

12.5 Popup - 弹出层

12.5.1 Popup - 弹出层所需DOM结构

本组件作为一个弹出层的效果，通过预先设置一个隐藏的弹出层，并且设置该弹出层的触点，通过鼠标滑入和移出触点来展示和隐藏弹出层效果。

```

<div class="first-trigger">我只是个触点而已，把鼠标滑到我身上</div>

<div class="J_TWidget hidden" data-widget-type="Popup" data-widget-config="{
                'trigger':'.first-trigger',
                'align':{
                            'node':'.first-trigger',
                            'offset':[0,0],
                            'points':['cr','cc']
                            }
```

```
                    }">
    <div style="background-color: yellow; height: 100px; width: 100px;">
         我是一个弹出层
    </div>
</div>
```

12.5.2 Popup组件调用方法

组件调用代码如下所示。

```
<div class="J_TWidget hidden" data-widget-type="Popup" data-widget-config="{
                'trigger':'.first-trigger',
                'align':{
                          'node':'.first-trigger',
                          'offset':[0,0],
                          'points':['cr','cc']
                }
                 }">
    <!-- code -- >
</div>
```

12.5.3 Popup参数配置

Popup参数配置如表12-3所示。

表12-3 Popup参数配置列表

配置参数	参数可选值	作用说明
trigger	自定义	触点元素，就是鼠标滑过哪个元素的时候弹出当前的popup，支持class和id选择器的写法
align	node、points、offset三个配置	node: ‘自定义’，// 参考元素。 popup与参考元素进行定位。和触点写法一样， 支持class和id选择器的写法 points: [tr, tl], // ['tl', 'tr']表示popup的tl 与参考节点的 tr 对齐 具体tl，tr表示的意义和值看下面截图， t(top), c(center), b(bottom), l(left), r(right) offset: [0,0] // 有效值为 [n, m]，points对齐后，offset值，一般可用于微调，n和m分别表示对齐两个点 在x, y坐标之间的偏移量

demo 代码，直接复制到自定义内容区里面，保存后预览就可以到效果了。大家可以发挥自己的想象力。

```
<div class="first-trigger">我只是个触点而已，把鼠标滑到我身上</div>

<div class="J_TWidget hidden" data-widget-type="Popup" data-widget-config="{
                    'trigger':'.first-trigger',
                    'align':{
                                    'node':'.first-trigger',
                                    'offset':[0,0],
                                    'points':['cr','cl']
                                    }
                        }">
    <div style="background-color: blue; height: 100px; width: 100px;">
            我是一个弹出层
    </div>
</div>
```

注意：触点目前只允许包含在#content内，不允许影响页头页尾，且组件内部不能出现 class="popup" 或 class="overlay"。

12.6 Countdown - 倒计时

12.6.1 Countdown组件调用方法及所需DOM结构

Countdown组件调用代码如下所示。

```
<!-- 配置项中的class名前别忘了加点号哦 -->
<div class="J_TWidget" data-widget-type="Countdown"  data-widget-config="{
          'endTime': '20000',
          'interval': 1000,
          'timeRunCls': '.ks-countdown-run',
          'timeUnitCls':{
        'd': '.ks-d',
        'h': '.ks-h',
        'm': '.ks-m',
        's': '.ks-s',
        'i': '.ks-i'
        },
        'minDigit': 1,
        'timeEndCls': '.ks-countdown-end'
}">
    <!-- 倒计时结束时隐藏-->
```

```
    <!--可以写多个 -->
    <div class="ks-countdown-run">
    <span class="ks-d"></span>天
    <span class="ks-h"></span>小时
    <span class="ks-m"></span>分
            <!-- 如果有0.1秒级别的变化建议以gif背景图片的形式变化 -->
    <span class="ks-s"></span>秒
    <span class="ks-i"></span>毫秒
    </div>
    <div class="ks-countdown-run"></div>
       <!-- 倒计时结束时显示-->
       <!--可以写多个 -->
    <div class="ks-countdown-end">
    倒计时结束了，干点什么吧
          把什么隐藏起来，或者把什么显示出来
    </div>
    <div class="ks-countdown-end">
    </div>
</div>
```

12.6.2 Countdown参数配置

Countdown参数配置如表12-4所示。

表12-4 Countdown参数配置列表

配置参数	参数可选值	作用说明
endTime	毫秒数（多少毫秒后倒计时结束），或者日期格式时间（格式：209-7-21 9:01:01）	倒计时结束时间 例如：毫秒数： ‘endTime’：‘209-7-21 9:01:01’ 或 日期格式： ‘endTime’：‘10000’
interval	单位：毫秒，取值范围（≥100毫秒），默认值为1000毫秒	倒计时刷新间隔（单位为毫秒/次）即每隔多少毫秒刷新一次 例如：interval = 2000, 那么屏幕上的时间每次变化时会少两秒
timeRunCls	自定义值	有此class名的标签，其内容在倒计时运行时显示，倒计时结束隐藏

timeUnitCls	时间单位的组合值，每个时间单位的class名自定义	设定时间单位<b>标签的class
		例如:{
		'd': '.ks-d', //天
		'h': '.ks-h', //小时
		'm': '.ks-m', //分
		's': '.ks-s', //秒
		'i': '.ks-i' //毫秒
		}

minDigit	数据类型：整数，取值范围（≥1），默认为1,	每个时间单位值显示的最小位数，意思是超过不截断，少则前面补0显示 例如：digit = 2 少于情形：2天4小时10分20秒，则应该显示02天04小时10分20秒 超过情形：400分20秒，则应该显示 400分20秒
timeEndCls	自定义值	有此class名的标签，其内容在倒计时运行时隐藏，倒计时结束时显示

12.7 店铺倒计时效果演示

【案例导入】

在店家做活动的时候经常会用到倒计时代码。比如距离活动结束（开始）还有多长时间。一般网页提供的都是JS代码，但是淘宝上面自定义模块不支持JS代码，会自动删掉。下面有一段可以用的html倒计时代码。

【案例操作】

店铺倒计时代码如下所示。

```
<div class="J_TWidget" data-widget-config="{'endTime':
'2014-11-12 00:00:00','interval': 1000,'timeRunCls': '.ks-countdown-run',
'timeUnitCls':{'d': '.ks-d','h': '.ks-h','m': '.ks-m','s': '.ks-s'},'
minDigit':
1,'timeEndCls':'.ks-countdown-end'}" data-widget-type="Countdown"
style="width:950px;height:120px;color:#000;text-align:center;
font-size:24px;">
   <div class="ks-countdown-run">
          <span style="font:bold 18px/25px verdana;">距离活动：</span>
<span class="ks-d" style="font:bold 18px/25px verdana;"></span>
<span style="font:bold 18px/25px verdana;">天</span>
<span class="ks-h" style="font:bold 18px/25px verdana;"></span>
<span style="font:bold 18px/25px verdana;">小时</span>
<span class="ks-m" style="font:bold 18px/25px verdana;"></span>
<span>分</span> <span class="ks-s" style="font:bold 18px/25px
verdana;"></span>
<span style="font:bold 18px/25px verdana;">秒</span></div>
      <div class="ks-countdown-end">
         亲，您来迟了啦！活动已结束，您可以关注本店其它优惠活动</div>
</div>
```

（1）'endTime': '2014-11-12 00:00:00'，修改成需要结束的时间。

（2）把以上代码全部复制到店铺代码编辑器中，如图12-1所示。

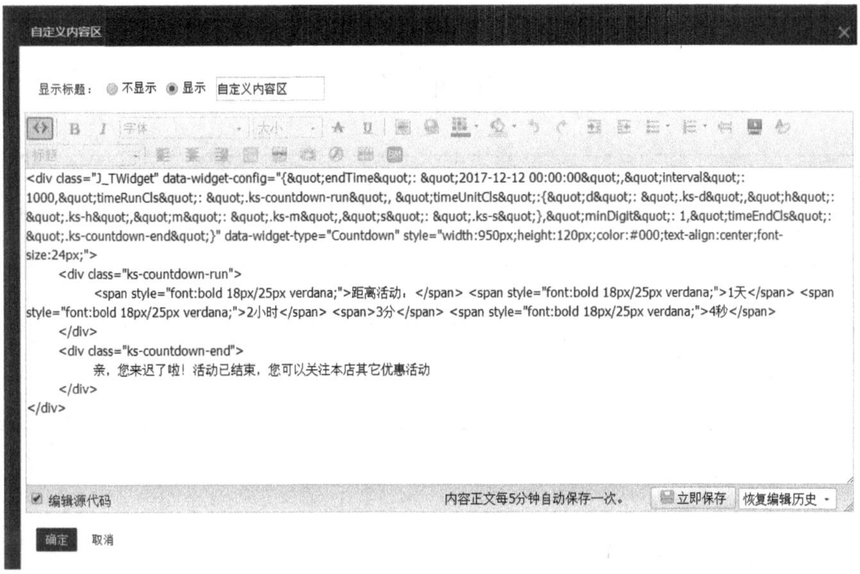

图12-1　复制代码

本章总结

通过本章的学习，学习者应能够熟练地使用Tabs（标签页）、Slide（卡盘）、Carousel（旋转木马）、Accordion（手风琴）、Popup（弹出层）。

练习与实践

【单选题】

1. navCls含义（　　）？

A. 对其进行轮播的目标列表的class值

B. 轮播列表所对应的内容列表的class值

C. 滚动的动画方式

D. 是否开启倒计时样式

【多选题】

1. 以下属于effect的是（　　）。

A. none——最朴素的显示/隐藏效果　　B. fade——可实现淡隐淡现的效果

C. scrolly——垂直滚动　　D. scrollx——水平滚动

2. align配置有（　　）。

A. node　　B. points，offset

C. offset　　D. effect

实训任务

倒计时	
项目背景介绍	在店家做活动的时候经常会用到倒计时代码。比如距离活动结束（开始）还有多长时间多长时间的。一般网页提供的都是JS代码，但是淘宝上面自定义模块不支持JS代码，会自动删掉
设计任务概述	1. 根据活动时间设置倒计时 2. 添加图片和其他装饰性素材 3. 要求完成时间为50分钟
设计参考图	
实训记录	
教师考评	评语： 辅导教师签字：____________

第13章

组件

本章导读

- 本章主要介绍网店常用的组件，可以给装修店铺时加入一些特效。

效果欣赏

学习目标

- 掌握淘宝组件。
- 学会使用淘宝组件。

技能要点

- 掌握二维码组件使用。
- 掌握购物车组件使用。
- 掌握收藏宝贝组件使用。
- 掌握喜欢组件使用。
- 掌握分享组件。

实训任务

- 页面喜欢组件的添加。

13.1 网店组件

本节中将详细介绍淘宝常用组件，sns组件类似于widget组件，它是由淘宝官方做好的一些JS模块，可以直接调用，只需要修改一些参数使它适合自己就可以，它和widget不同的地方在于，sns组件提供的功能主要是和交流分享相关的，这些组件的调用方法可以在http://sns.taobao.com中看到，这些都是网店学习过程中最基本的内容，学习者应熟练掌握。

13.1.1 二维码图片组件

在模块PHP代码中添加HTML代码，代码如下所示。

```
<img src="http://chart.apis.google.com/chart?chs=<?=width.x.$height ?>&cht=qr&chl=<?=url?>"/></div>
```

其中，width为图片宽度，height为图片高度，url为网页的地址，如果设计师想做宝贝的二维码，可以使用宝贝的详情页地址，代码如下所示。

```
width = 188; $height = 188; url = www.taobao.com
```

13.1.2 购物车组件

在模块PHP代码中添加HTML代码，DOM上绑定一个class，代码如下所示。

```
<a href="#" class=" J_CartPluginTrigger" target="_blank">购物车</a>
```

13.1.3 收藏宝贝组件

在模块PHP代码中添加HTML代码，代码如下所示。

```
<a href="http://favorite.taobao.com/popup/add_collection.htm?id=<?=$item->id ?>&itemtype=1&scjjc=1" target="_blank">收藏</a>
```

其中，`$item->id`为宝贝的ID。

13.1.4 喜欢组件简介

喜欢组件是用户表达态度，带动积极传播的基本功能，如图13-1所示。用户点击喜欢后，会在“我的淘宝”产生一条新动态。同时，喜欢的次数会不断积累，并表现出人气高涨的氛围。

图13-1 喜欢组件

13.1.5 页面如何添加喜欢组件

1. 外观设置

喜欢组件的外观样式有橙色、蓝色。

代码预览如下所示。

```
    <div data-like='{
    type:3,
    key:"",
    skinType:1,
    text:"喜欢"
}'
class="sns-widget">喜欢</div>
```

2. 配置项

【必填】*type*：选择喜欢的类型，可选选项2、3、4。2表示商品喜欢，4表示店铺喜欢，3表示网页喜欢。

【必填】*key*：type为2时key填itemid（商品ID），type为4时填shopid（店铺ID），type为webpage时填当前喜欢页面的链接地址，长度不允许超过60个字符。

skinType：样式的类型，可选1、2。1为橙色版，2为蓝色版。

text：默认文案。

13.1.6 分享组件简介

分享组件是淘宝网提供的基础功能之一，只需要在旺铺代码编辑器当中嵌入一段简单的代码，就可以立即实现把宝贝分享到“我的淘宝和个人主页“的功能，如图13-2所示。所有分享的内容，每天被成百上千万浏览者在淘宝网以及其他外部网站阅读和访问。通过分享和传播，迅速提升内容曝光量和网站流量，这是口碑营销的必备工具。

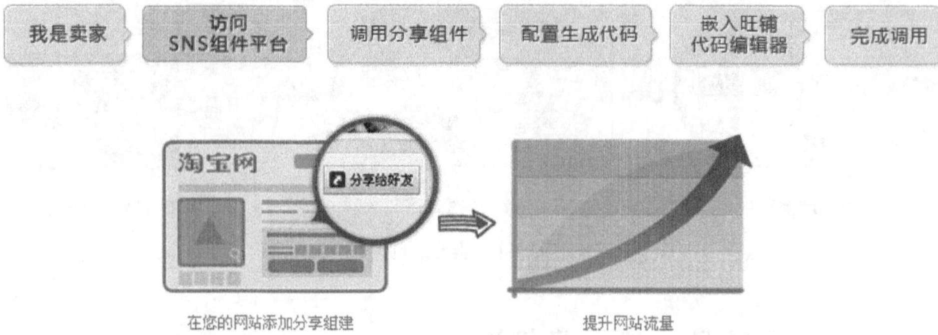

图13-2　分享组件

13.1.7　页面如何添加分享组件

1. 外观设置

分享组件的外观样式有默认样式、纯文字、自定义样式。

代码预览如下所示。

```
div data-sharebtn=’{
  type:"",
  key:"",
  title:"",
  comment:"",
  pic:"",
  client_id:68,
  skinType:1,
  isShowFriend:false
}’
class="sns-widget">分享</div>
```

2. 配置项

【必填】*type*：选择分享的类型，可选项item、shop、webpage，分别表示商品分享、店铺分享、自定义分享。

【必填】*key*：type为item时，key填itemid；type为shop时，key填shopid；type为webpage时，key填希望用户点回的链接。

title：type为webpage时必填，表示页面标题，type为item或shop时可以不填。

comment：默认文案。

pic：填写后分享带的图片，不填写则取商品图片或店铺logo。

skintype：按钮样式1为默认样式，2为纯文字，3为自定义样式。

isshowfriend：是否默认展开好友树，默认false。

本章总结

通过本章的学习，学习者应能够熟练地掌握淘宝二维码图片组件、购物车组件、收藏宝贝组件、喜欢组件、分享组件，知道如何在店铺中安装使用。使用这些组件可以让店铺获得更多效果。

练习与实践

【单选题】

1. 喜欢组件的外观样式（　　）。

   A. 红色

   B. 蓝色

   C. 黑色

   D. 紫色

【多选题】

1. 分享组件的外观样式（　　）。

   A. 默认样式

   B. 纯文字

   C. 自定义样式

   D. 橙色样式

实训任务

喜欢组件	
项目背景介绍	在首页宝贝推荐下加入喜欢组件
设计任务概述	1. 代码放置正确 2. 要求完成时间为50分钟
设计参考图	 连衣裙 RMB ￥67 喜欢 1
实训记录	
教师考评	评语： 辅导教师签字：＿＿＿＿＿＿